だれにでも覚えられるゼッタイ基礎ボキャブラリー

ゼロからスタート英単語

BASIC 1400

成重 寿
Narishige Hisashi

妻鳥 千鶴子
Tsumatori Chizuko

Jリサーチ出版

読者へのメッセージ

英単語は奥が深くて面白い

「中学卒業までに習う単語だけで会話は十分だという話を聞いたけれど、会話なんか全然できない」「どんなに単語を勉強しても、英語がしっかりわかるようにならない」「いったいどれくらいの単語を覚えればいいの？」「覚えたと思ってもすぐ忘れてしまう」

こんなふうに単語にまつわる学習者の悩みは尽きることがありません。

言語の最小単位が「単語」です。最小単位であるということは、そこからスタートするわけですから、言語の基本中の基本となるものなのです。ところが、この単語というものはなかなか奥が深く、学習者をいつまでも悩ませるわけです。

皆さんは本や新聞のタイトルなどでdos and don'tsと書いてあった場合、どういう意味なのかわかりますか。また、知らない街でだれかに道順を聞きたい場合、正確に英語で言えるでしょうか。

dos and don'tsは、皆さんがよくご存知のdoとその否定形don'tにsをつけたもので、「すべきこと、すべきではないこと」という意味があるのです。また道順を教えてほしい場合は、teachではなくtellという動詞を使ってCould you tell me the way to the station?（駅までの道を教えてくださいますか）のように表現します。

すべての基礎になる1400語からスタート

このように比較的簡単で、知っていると思っている単語でも、実は奥が深くて、使いこなせないことが多いものです。

　これから英語を始めたいという人も、単語を集中的に勉強したいという人も、ぜひこの本でスタートを切ってください。また、最近どこか英語学習に行き詰っていると感じている人も、見落としていたこと、勘違いしていたことなど、きっといろいろな発見があると思います。

　本書は、よく使われている複数の辞書から、英語の学習を始めて間もない方が、覚えておくと役立つ基礎単語を集め、読者の方が利用しやすいように配列したものです。収録語1400語を「超基本動詞」「ベーシック動詞」「ベーシック形容詞・副詞・名詞」「生活語」に4分割し、さらに各ジャンルを機能・意味・場面の小グループに分けて単語を提示しています。ストーリー性をもって、頭を整理しながら覚えていくことができます。

　また、例文は、大人の日本人（ノンネイティブ）が話すことを想定して作成しました。日常生活のさまざまな場面で使えるものばかりです。カジュアルすぎず、礼儀にもかなったものなので、手紙やメールで利用することもできます。例文はすべてCDに収録されているので、耳からもしっかり覚えてどんどん使ってみましょう。

　この1冊をきっかけに、英単語の面白さや奥深さを知っていただき、英語学習の幅をさらに広げていってほしいと願っています。

著者一同

CONTENTS

　　読者へのメッセージ ････････････････････････････ 2
　　本書の利用法 ･････････････････････････････････ 6
　　ビギナーのためのとっておき英単語攻略法 ･････････ 8

第1章　超基本動詞 ････････････････････････････････ 13
[超基本動詞10 ＋ 動詞句30 ＋ 関連語30 ＝ 70語]

① give	② get	③ do	④ have	⑤ make
⑥ take	⑦ come	⑧ go	⑨ keep	⑩ put

第2章　ベーシック動詞 [150語] ･･････････････････ 35

①話す	36	②見る・聞く・感じる	40
③生活する	43	④思う	48
⑤意見・意志	54	⑥社交する	58
⑦移動する	66	⑧動作と動き	68
⑨数字とお金	75	⑩仕事と学習	78

第3章　ベーシック形容詞・副詞・名詞 [190語] ････ 87

形①感覚と感情	88	形②人を形容する	96
形③モノを形容する	102	形④概念を表す	109
形⑤程度・比較を表す	116	形⑥空間を表す	122
副①時間を表す副詞	126	副②さまざまな頻出副詞	131
名①よく使う抽象名詞	138	名②モノを表す重要名詞	143

第4章 **生活語** [996語] 153

①家とインテリア	154		②デイリーライフ	160	
③ファッション	166		④社交・コミュニケーション	172	
⑤料理と食材	178		⑥レストラン	184	
⑦車・カーライフ	190		⑧パソコン・ネットライフ	194	
⑨マネー・買い物	200		⑩街角・風景・道案内	206	
⑪トラベル・ホテル	212		⑫ビジネスライフ	218	
⑬からだ・ヘルスライフ	226		⑭環境・エコライフ	232	
⑮文化・スポーツ	236		⑯ニュース	242	
⑰天気・気候	250		⑱かたち・数字	254	

● **巻末付録** [34語]

ひと目でわかる助動詞10 258
イメージでつかむ前置詞12 263
しくみでマスター接続詞12 269
INDEX 274

● **COLUMNS**

シソーラスで単語を増やそう！ 34
接頭辞・接尾辞を使って単語を増やそう！ 152

本書の利用法

●本書の構成

4部構成になっています。巻末付録も含めて約**1400語**をマスターできます。

第1章 「**超基本動詞**」	=	**70語**
第2章 「**ベーシック動詞**」	=	**150語**
第3章 「**ベーシック形容詞・副詞・名詞**」	=	**190語**
第4章 「**生活語**」	=	**996語**
巻末付録 「**助動詞・前置詞・接続詞**」	=	**34語**

!赤シート

付属の赤シートを当てると、語義の赤字が消えます。
覚えたかどうかを確認するためにご利用ください。

《**本書で使われている記号**》

動 動詞　　**形** 形容詞　　**副** 副詞　　**名** 名詞
代 代名詞　**接** 接続詞　　**前** 前置詞　**間** 間投詞

C 可算名詞：数えられる名詞。単数にはa / anを付け、複数なら複数形にする。
U 不可算名詞：数えられない名詞。informationやfurnitureなど。

● 学習法

✚ グループで覚えよう

本書の最大の特徴は、すべての単語をグループ別に分類して収録している点です。機能・意味・場面の共通イメージで、アタマを整理しながら、まとめて覚えていくことができます

✚ 重要なものから覚えよう

① **「超基本動詞」** はコアのイメージをつかんで、さまざまな例文で覚えましょう。日常的に使いこなすことを目標にしましょう。

② **「ベーシック動詞」「ベーシック形容詞・副詞・名詞」** は例文で覚えて、会話で使えることが目標です。複数の大切な意味があるものは解説を加えています。

③ **「生活語」** はたくさん知っていることが大切です。グループで一気に覚えましょう。

✚ 音声で覚えよう

CD 1 Track-12

付属CDを活用しましょう。「見出し語」は「英語」→「語義（日本語）」の順番で吹き込まれています。「例文」はすべてCDに収録されています。音声で覚えれば、話したり聞いたりできるようになります。

INTRODUCTION

ビギナーのための とっておき 英単語攻略法

> グループで一網打尽にせよ!
> 継続せよ!
> 目・耳・口をフル稼働せよ!

単語を覚える。これは英語学習の'永遠のテーマ'です。

単語をたくさん知っていると、言いたいことが言えるようになりますし、いろいろな英文が読めるようになります。単語の数が増えるにつれて、英語の世界はどんどん広がっていくのです。

でも、なかなかうまく覚えられないというのが、単語学習の悩ましいところですね。中高生のころはともかく、大人になってしまうと、丸暗記はうまく機能しなくなります。

本書は、そんな単語学習に思い悩む大人の学習者をサポートするための1冊として作成されました。

大人の初級者のための英単語

本書では、英単語学習のターゲットを「ビギナー〜初級」に絞り込み、日常生活でよく使う基本語を身につけることを目標にしています。収録語数はぜんぶで1,400語ですが、これだけを覚えるだけで、日常会話のさまざまな場面を十分にカバーできます。それ以上のレベルの単語については、ビジネス、TOEIC、留学というように目的分野を絞って増やしていくのが効率的です。本書に収録された単語はこうしたすべての基礎になるものです。

収録語は大人が日常生活で使うという観点から選んであります。大人という観点に立てば、動物の名前をたくさん知っているよりも、天気やお金、車やパソコン、家具や食材などの言葉をバランスよく知っておく方が便利ですね。日本で外国の人と話したり、海外に旅行に出かけたりするときに役に立つ単語を優先しました。また、中学で学習するもののなかで、だれでも知っていると思われるものは割愛してあります。

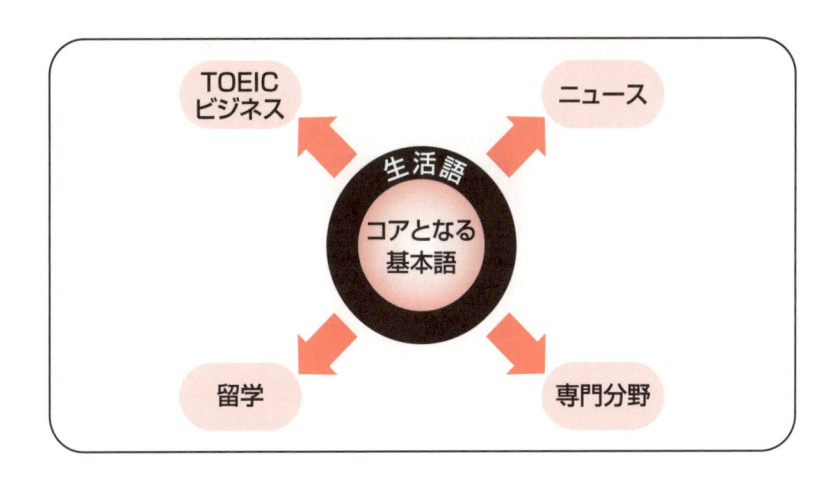

重要度に合わせて、メリハリをつけて覚えよう

　それでは、丸暗記が利かない大人の学習者はどんなふうにして単語を増やしていけばいいのでしょうか。

　単語は1つ1つコツコツと覚えていかなければならないと思っていませんか。しかし、アルファベット順で、あるいは頻度リストの順番で覚えていくのでは、途中で飽きてしまい、先に進まなくなってしまう可能性大です。

①超基本動詞 ── '万能'動詞はネイティブ表現力をつくる

　実は、英単語とひとことで言ってもその使用頻度や重要度はさまざまです。haveやtakeなどの「超基本動詞」は会話をするときにもメールを書くときにも頻繁に使います。お店で「これいただくわ」と言う場合には、I'll **take** this.ですし、メールで「明日、お昼ごはんでも」と書くときにはHow about **having** lunch tomorrow?ですね。

　超基本動詞はさまざまなフレーズや文脈で使われる最重要語なので、1つの語義を知るだけでは不十分です。コア（核心）となるイメージをつかみ、主な用法まで知っておく必要があります。本書では10の超基本動詞について、コアの意味とともに、それぞれ7つの例文でさまざまな用法を紹介します。

INTRODUCTION

②ベーシック動詞・形容詞・副詞・名詞——多彩な場面で共通して使える

動詞や形容詞、副詞、名詞の一部には、生活のいろいろな場面で共通して使う単語があります。場面に依存しないベーシックな言葉です。こうした単語は「ベーシック動詞」「ベーシック形容詞・副詞・名詞」として、グループでまとめて紹介します。

ベーシック動詞なら、「話す」(say、speak、talk、complain等)、「思う」(think、consider、guess、believe等)、ベーシック形容詞なら、「感情・感覚」(happy、excited、surprised、nervous等)などです。

すべての単語に例文と用法の解説が付いているので、同じ機能をもった単語について、ニュアンスの違いや用法の特徴などを理解することができます。ベーシック動詞は150語、ベーシック形容詞・副詞・名詞は190語です。

③生活語——知れば知るほど世界が広がる

最後に、さまざまなシーンで使う生活語を紹介します。生活シーンは、「家とインテリア」「ファッション」「料理と食材」「車・カーライフ」「トラベル・ホテル」「ニュース」「からだ・ヘルスライフ」など18のセクションに分類されています。大半が名詞で構成されています。

こうした生活語の多くはすべてを例文で覚える必要はありません。スペル・発音・意味をセットで覚えておけば、TPOに応じて会話フレーズやメールセンテンスにはめ込んで使えるからです。そこで、例文を100に絞って(ほとんどの例文には複数の単語が組み込まれています)、できるかぎりたくさんの単語を紹介することにしました。また、視覚イメージでまとめて覚えられるようにイラストも織り込んでいます。

さまざまな覚え方を併用しよう

単語を覚える方法は1つではありません。受験勉強をした方はひたすら見て暗記するという方法をとったと思います。もちろん、そこから始めてかまわないのですが、他の方法も採り入れ、多彩な覚え方をするほうが効果が上がります。

英語は読むだけでなく、聞いたり、話したりするということも考えれ

ば、単語の音を知っておくことはとても大切です。付属CDにはすべての見出し語と例文が収録されているので、「耳から」の学習をぜひ取り入れてください。例文はどれもがそのまま使えるものばかりなので、覚えておくといろいろな場面で重宝するでしょう。

　自分で声に出して読む学習法を「音読」と言いますが、これもとても効果的な学習法の1つです。音読では口とともに耳も目も使いますから、単語が複数の身体器官を通じてしっかり浸透するというわけです。

　それでも、どうしても覚えられない単語もあると思います。そういった単語については「書いて覚える」のもいいですね。書くのは面倒な作業ですが、面倒を通過したものほどよく頭に残るということも確かです。ぜんぶ書くのは大変なので、どうしても覚えたい単語や覚えられない単語に絞って、この方法を使うのはいかがでしょうか。

　大人になったなら、暗記力は低下してしまいます。一度ですべてを覚えることは無理と心得ましょう。反復学習が何より大切です。人間の記憶は24時間で大きく低下するので、一度学んだ単語を1日後にもう一度見ると定着率が格段に上がります。また、この単語集だけでなく、広く

◆単語を覚える7つのコツ

①グループでまとめて覚える
　1語1語ではいかにも非効率。複数の単語を関連づけて一網打尽にしよう。

②耳から覚える
　基本の生活語は聞いて話す必要がある。CDを活用しよう。

③例文で覚える
　使用頻度の高い例文に載せて覚えれば、生活の中ですぐに使える。

④視覚イメージで覚える
　生活語はビジュアルで覚えるのも大切。イラストコーナーも活用しよう。

⑤声に出して覚える
　音読は耳と口と目を同時に使う。単語の浸透度が高い効果的な方法だ。

⑥書いて覚える
　どうしても覚えられない単語は書いてみると、確実に身につく。

⑦反復して覚える
　一度で覚えるのは難しい。継続して繰り返すのが実は早道だ。

INTRODUCTION

英語に接していれば、他の本やテレビ、新聞で同じ言葉が出てくると印象に残りますから、そのときに確実に記憶することができます。

このようにさまざまな方法を併用すれば、単調な丸暗記を脱して、多彩でメリハリの利いた英単語学習が可能になります。

自分の目標を設定しよう

どんな勉強でもそうですが、自分の目標を設定すると、実行が容易になります。3カ月で本書をマスターするとか、6カ月で500語とか1000語を覚えるといった目標を設定するといいでしょう。また、設定した目標は手帳などに書いておくと、'前向きの自己暗示'がかかって実行しやすくなるものです。

仕事をしている人は日々、あわただしい生活を送っているものと思います。時間がないからなかなか英語学習ができないという人もいることでしょう。ですが、単語学習は細切れの時間でも十分できます。たとえば毎日10分で5つの単語を覚えるとしましょう。すると、1カ月で5語×30日＝150語、半年続ければ150語×6カ月＝900語も覚えることができるのです。10分くらいの時間ならどんな人でもとれるのではないでしょうか。たった10分といって馬鹿にするなかれ！

継続するには、学習を習慣化してしまうことが大切です。ロビン・シャーマという著名な自己啓発コンサルタントによると、生活の中で1つの習慣をつくりあげるには、3週間続ければいいそうです。最初は少しわずらわしく感じても、3週間続けると日常の一部として呼吸するようにごく自然な動作になり、苦もなく行えるようになるでしょう。

通勤電車の中で、お昼ご飯のときに、トイレタイムに、車のCDプレイヤーや、歩きながら携帯プレイヤーで——さまざまな時間帯、さまざまな方法が可能です。単語学習ほど「継続＝力」が当てはまるものもありません。お好みの時間にお好みの方法で、単語学習を続けていきましょう。

第1章 超基本動詞

give、get、do、have、makeなど、会話の基礎となる超基本動詞から学習をスタートしましょう。用途が広いので、コアの意味をつかみ、しっかり使いこなせることが大切。イディオムや関連語も覚えておきましょう。

1 give [gív]

"自分から何かをどんどん**与える**"

CD 1 Track-2

コアイメージ

　自分から相手に対して、何かをどんどん「与える」というのがgiveのコアイメージです。「(手)渡す」「贈る」「授与する」など、幅広い意味で使えます。与えるものは、見て触ることができる品物やお金などから、愛情、憎しみ、苦痛、時間、チャンス、権利、結論といった概念的なものまで、さまざまです。

活用▶ give - gave - given

giveの仲間たち

- □ **present** [prizént]　授与する；提供する
- □ **provide** [prəváid]　提供する；作る；整える
- □ **supply** [səplái]　供給する；提供する

超基本動詞 1

例文

「与える」の基本
☐ **I will give her this bag for her birthday.**
（彼女の誕生日にこのバッグをあげるつもりです）
＊I will give this bag to her. としても同じです。giveの基本的な形である＜give＋人＋モノ＞と＜give＋モノ＋to＋人＞を覚えましょう。

待つ
☐ **Could you give me a little more time?**
（もう少し待っていただけませんか）

やってみる
☐ **You should give it a try.** （やってみるべきです）
＊give it a second thought（考え直す）、give it a shot（試してみる）などの言い方もあります。

言う
☐ **You should give it to me straight.**
（はっきり言ってください）
＊Give it to me straight. としてもOK。

give up＝「あきらめる；やめる」
☐ **I'll definitely give up smoking this year.**
（今年は絶対たばこをやめます）
＊give upとよく似ているのが、give up onで、「愛想を尽かす」「見切りをつける」など、だめだとわかってあきらめる場合にぴったりです。

give in to＝「〜に屈する」
☐ **The president stated that he would never give in to terrorists' demands.**
（テロリストの要求に決して屈しないと大統領は述べた）
＊give inは「負けを認めて試合などを放棄する」こと。to 〜を続けると「〜に屈する・負ける」という意味になります。

give off＝「発する；放つ」
☐ **The box is giving off a strong smell. What's in it?**
（その箱、すごい臭いがしている。何が入っているの？）

2 get [gét]

"他から自分のほうへ何かを**取り入れる**"

CD 1 Track-3

コアイメージ

giveとは逆に、「他から自分の方へどんどん何かを取り入れる」のがコアイメージです。つまり、買ったりもらったりして、品物・考え・郵便・情報などを「得る」「手に入れる」わけです。そこから「(ある状態に)なる」「わかる」「人に何かをさせる」などの意味が生まれてきます。

活用▶ **get - got - got [gotten]**

get something to wear

getの仲間たち

- □ **receive** [risí:v]　受け取る；受ける
- □ **gain** [géin]　得る
- □ **obtain** [əbtéin]　手に入れる；獲得する

超基本動詞2

例文

「手に入れる」の基本
☐ **I have to get something to wear.**
（何か着るものを手に入れなくては）
＊買う場合にも、無料でもらってくる場合にも使えます。I will get you something.とすれば「あなたに何かを持ってこよう」という意味になります。

受け取る
☐ **Did you get my e-mail last night?**
（昨夜、私のEメールを受け取りましたか）
＊receive（受け取る）の意味もあります。

なる
☐ **Whenever I mention it, Ruth gets really mad at me.**（そのことを言えば、ルースは必ず私に怒るのです）
＊become（なる）の意味もあります。

らちがあかない
☐ **This discussion will get us nowhere.**
（こんなことを話していても、らちがあかないです）
＊<get + 人 + nowhere>で「人をどこへも連れて行かない」、つまり「始まらない」、「役に立たない」といった意味になります。

get over＝「乗り越える；治る；解決する」
☐ **I don't know if I can get over her death.**
（彼女の死を乗り越えられるかどうかわからない）
＊つらいこと、嫌な出来事、病気、問題などを「乗り越える；治る；解決する」という意味で使います。

get ahead＝「出世する；進歩する」
☐ **I'm always looking for a chance to get ahead.**
（いつも出世するチャンスを探している）
＊get onもほぼ同意で用いられます。

get along＝「うまくやっていく；進める」
☐ **We are getting along with each other very well.**
（私たちは、とても仲良くやっている）

3 do [dúː]

"目的を持って**行動する**"

CD 1 Track-4

コアイメージ

「何かをする」がコアイメージです。ただし、何気ない動作を表しているのではなく、目的を持ち、ゴールに向かって何かを達成しようとして行動を起こしている場合の「する」です。それで「(調子よく) やっている」「整える」「上演する」「書く」「作る」など、さまざまな意味の広がりを持ちます。

活用▶ do - did - done

Fresh air will do you good.

doの仲間たち

- □ **perform** [pərfɔ́ːrm] (義務・任務などを) 果たす・行う
- □ **conduct** [kəndʌ́kt] (調査・実験などを) 行う
- □ **carry out** (計画されていたことや頼まれたことを) 行う

超基本動詞3

例文

「する」の基本
- **I'm sorry but I can't do anything about that.**
  (悪いですが、それについて私にできることは何もありません)
  *doの基本的な意味である「する」の用法です。

(うまく) いく
- **How are you doing with your new roommate?**
  (新しいルームメイトとはうまくいっていますか)
  *do poorly [badly]（成績やビジネスが不調である）、do well（順調である）なども覚えましょう。

効果がある
- **Fresh air will do you good.**
  (新鮮な空気に触れるといいでしょう)
  *Smoking does you harm.（タバコは体に毒です）

間に合う；役立つ
- **I had no time to buy a new dress, so my black one will have to do.**
  (新しいドレスを買う時間がなかったので、あの黒いドレスでいくしかないわ)

dos and don'ts =「心得ておくべきこと」
- **There are dos and don'ts in our club.**
  (私たちのクラブには心得ておくべきことがあります)
  *dos and don'tsは「すべきこととすべきではないこと」という意味です。

do up =「整える」
- **I have to do up myself before I go.**
  (出かける前に身支度を整えなくては)
  *他にもdo up my hair（髪を整える）、do up a building（建物をきれいにする）、do up the buttons [fastener]（ボタン [ファスナー] をかけ [締め] る）など、いろいろな使い方ができます。

do without ～なしでやっていく
- **We can't do without his help.**
  (私たちは彼の助けがなければやっていけません)

4 have [hǽv]

"何かを**持っている**"

CD 1 Track-5

コアイメージ

　何かを「持っている」、何かが「ついている」というイメージです。持っているものは、生まれつきの肌の色、性格、品物、家など。また機械や商品に保証がついてくることや、特性・特徴などの属性があることも表現できます。そこから「（何かが）ある」「（内容として）ある」「食べる・飲む」「経験する」という意味の広がりが出てきます。

活用▶ have - had - had

haveの仲間たち

- □ **possess** [pəzés]　所有する
- □ **hold** [hóuld]　（手や腕に）何かをしっかり持つ
- □ **own** [óun]　（合法的に何かを）所持する

超基本動詞4

例文

「持つ」の基本
☐ **You have beautiful hazel eyes.**
（あなたの目は、きれいな薄茶色ですね）
＊haveの代表的な意味であるpossess（所有する）です。

食べる・飲む
☐ **Let's have something to eat, shall we?**
（何か食べましょうよ）
＊eatの意味で使われています。drinkの意味でも使えます。

受ける
☐ **Polly, you have a phone call.**（ポリー、電話よ）
＊receive（受ける）の意味で使われています。

過ごす
☐ **We had a great time at the party.**
（パーティーでは本当に楽しかったです）
＊have a good [great] timeは決まり文句ですね。

have ～ in mind＝「～を心に留めている」
☐ **I think the president has someone in mind for the position.**
（社長は、その職務に適切な人を決めていると思います）
＊「心に留めている」という意味で、haveのほかkeepもよく使います。

have nothing against＝「～に悪意・文句・怒りがない」
☐ **I have nothing against Ms. Horton.**
（ホートンさんに対して悪意は抱いていません）
＊nothingをsomethingにすると、「抱いている」という意味になります。

have something to do with＝「～と関係がある」
☐ **This case has something to do with the company.**（この事件はあの会社に関係がある）
＊somethingをnothingにすると、「関係がない」という意味になります。

5 make [méik]

"「作る」「させる」「理解する」"

CD 1 Track-6

コアイメージ

「作る」が基本イメージですが、日本語の「作る」とはかなり違います。つまり、日本語では「子供」「農作物」「時間」「後継者」「笑顔」などを作ると言えますが、英語のmakeにはこの用法はありません。そのかわりに、「～させる」「理解する」「（電話を）かける」「間に合う」「お金を作る＝稼ぐ」など、別の意味の広がりがあります。

活用▶ make - made - made

make $1,000,000

makeの仲間たち

- ☐ **create** [kriéit]　創作する
- ☐ **produce** [prədjúːs]　（大量に商用に）生産する；製造する
- ☐ **manufacture** [mæ̀njufǽktʃər]
  （機械や車などを工場で）生産する

超基本動詞5

例文

させる
- [ ] **What made you so angry?** （なぜそんなに怒ったのですか）
  * 直訳すれば、「何があなたをそんなに怒らせたのか」ということです。＜make＋人＋動詞の原形＞で「人に～させる」という用法になります。

稼ぐ
- [ ] **I've made one million dollars this year.**
  （私は今年、100万ドル稼いだ）

意味をなす
- [ ] **But it doesn't make any sense.**
  （でも、それは何の意味もなさないです）

間に合う
- [ ] **I'm sure you'll make it.** （絶対間に合いますよ）
  * make it には「成功する」「やり遂げる」「調整する」など、場面に応じていろいろな意味があります。

make up one's mind＝「決心する」
- [ ] **I can't make up my mind.** （決心がつきません）
  * make up one's mind = decide

make out＝「理解する；見分ける；信じさせる」
- [ ] **Did you make out what he meant?**
  （彼が何を言いたかったのか、わかりましたか）
  * understand の意味以外に、「見分ける」「信じさせる」などの意味もあります。

make sure＝「よく確かめる；確実に～する」
- [ ] **Make sure that you lock the door before going to bed.** （寝る前に間違いなくカギをかけてね）

6 take [téik]

"つかみ取ったものを手に持っている"

コアイメージ

あるモノに向かって、自分から「手を伸ばし、つかみ取って、つかみ取ったものを手に持っている」というイメージです。ここから「(モノを) 持っていく」「(人を) 連れていく」「取り出す」「(時間が) かかる」「受け取る・受け入れる」「学ぶ」「必要とする」など、さまざまな用法が生まれます。

活用▶ take - took - taken

take the kids to the park

takeの仲間たち

- □ **bring** [bríŋ]　(モノを) 持ってくる；(人を) 連れてくる
- □ **remove** [rimúːv]　取る；取り除く
- □ **fetch** [fétʃ]　持って戻ってくる

超基本動詞6

例文

連れて行く
- **Can you take the kids to the park this afternoon?**
  (午後、子供たちを公園へ連れて行ってくれる？)
  *＜take + 人・モノ + to ～＞で、「人・モノを～へ連れて（持って）行く」という意味です。

時間がかかる
- **It took me one hour to complete the document.**
  (その書類を書き上げるのに1時間かかった)
  *時間を必要とする（need）、使う（use）の意味で使われています。

がまんする
- **I can't take it anymore.** (もうがまんできない)
  *takeの代わりにstandとしてもOK。

受講する
- **I took the seminar last year.**
  (そのセミナーは去年受けました)
  *studyの意味で使われています。

take care of =「～の面倒を見る」
- **I am taking care of Jim's cat while he's on his trip.** (ジムが旅行中、彼の猫の面倒を見ているんだ)
  *take care ofは「～の面倒を見る；管理をする」といった意味で使います。

take advantage of =「～を利用する」
- **Never let them take advantage of you.**
  (彼らにつけこまれないように)
  *「使う」という意味から、「利用（搾取）する」という意味まであります。

take ～ for granted =「～を当然のことと思う」
- **Never take his love for granted.**
  (彼の愛情を当たり前のように思わないでください)

7 come [kʌ́m]

"場所を移動してこちらに来る"

CD 1 Track-8

「場所を移動して、こちらに来る・着く」がコアのイメージです。また話している相手のほうへ「行きます」と言う場合にも使います。ここから、商品が「売られる」「一番である（～の前に来る）」「成人になる（come of age）」「（簡単で）ある」、またHow come?（= Why?なぜ）など、さまざまな用法が生まれます。

活用▶ come - came - come

My work comes first with me.

comeの仲間たち

- □ **arrive** [əráiv] 着く；到着する
- □ **appear** [əpíər] 現れる
- □ **approach** [əpróutʃ] 近づく

超基本動詞 7

例文

「来る」の基本
- ☐ **Winter came early this year.** （今年は冬が早く来た）
  * 秋が短かったという意味にも取れますね。
- ☐ **How did you come here? On foot?**
  （どうやってここへ来たのですか。歩いて？）

販売される
- ☐ **These shoes come in three sizes.**
  （この靴には3つのサイズがあります）
  * 3つのサイズで販売されているということです。

最初に「来る」
- ☐ **My work comes first with me.**
  （私にとって仕事が一番大切です）

come up with＝「〜を思いつく」
- ☐ **I've come up with some good ideas!**
  （いいことを思いついたよ！）

come off＝「うまくいく；去る；やめる」
- ☐ **The plan didn't quite come off.**
  （そのプランはあまりうまくいかなかった）
  * 他にも「去る」「(薬などを) やめる」「(ペンキなどが) はげる」など、いろいろな意味があります。

come a long way＝「長距離をやってくる；大きく進歩する；出世する」
- ☐ **Information technology has come a long way.**
  （情報技術は大きく進歩した）
  * come a long wayには、「長距離をやってくる」という文字通りの意味以外に、「大きな進歩を遂げる」「出世する」などの意味があります。

8 go [góu]

"今いるところを去り、別の場所に移る"

CD 1 Track-9

コアイメージ

comeとは逆で、「今いる所を去り、別の場所へ移る」のがコアのイメージです。ここから、＜be going to + 動詞の原形＞という形で予定を表現したり、「(モノが) 置かれる」「～ (という状態) になる」や、go withで「合う (= match)」など、さまざまな用法が生まれます。

活用▶ go - went - gone

go bankrupt

goの仲間たち

- ☐ **move** [múːv]　移動する・させる
- ☐ **leave** [líːv]　去る；出発する
- ☐ **proceed** [prəsíːd]　進む

超基本動詞8

例文

「行く」の基本
☐ **I would like to go to Greece.** （ギリシアへ行きたいです）
＊最も基本的な使い方である＜go to＋場所＞です。

go ~ing：「～しに行く」
☐ **We went fishing at the lake this afternoon.**
（今日の午後、私たちは湖へ釣りに行きました）
＊fishingの部分をshoppingやswimmingに変えて、さまざまな表現ができます。

be going to ~：「～の予定だ」
☐ **What are you going to do tomorrow?**
（明日は何をする予定ですか）
＊＜be going to＋動詞の原形＞で予定を表します。

become（～になる）の役割
☐ **My father's company went bankrupt.**
（父の会社は倒産した）
＊goがbecomeの役割をしています。他にgo blind（視力を失う）、go bad（食べ物などが悪くなる）などと言えます。

go with＝「～に合う」
☐ **Do you have a tie that goes with this shirt?**
（このシャツに合うネクタイがありますか）
＊go with ＝ match

go through＝「～を経験する」
☐ **Amanda went through a very difficult time.**
（アマンダはとても苦労した）
＊go through ＝ experience

go against＝「～に反する」
☐ **The idea goes against my principles.**
（その考えは私のポリシーに反する）
＊go against（～に反する；～に不利になる）

9 keep [kíːp]
"「持っておく」「保つ」"

CD 1 Track-10

コアイメージ

「保つ」──つまり「自分の手元に持っておき、その状態が変化しない」ことがコアのイメージです。ここから＜keep + 人 + ～ing＞で「人に～させ続ける」や、keep a record [diary]（記録[日記]をつける）、keep one's promise [word]（約束を守る）などの用法が生まれてきます。

活用▶ keep - kept - kept

keep your promise

keepの仲間たち
- **maintain** [meintéin]　維持する
- **possess** [pəzés]　保持する
- **preserve** [prizə́ːrv]　保存する

超基本動詞9

例文

「保つ」の基本
- **You still keep these old books!**
  (まだこんな古い本を持っているのですね！)
  *haveの意味で使われています。

keep + 人 + ~ing：「人に~させ続ける」
- **I'm awfully sorry I've kept you waiting.**
  (お待たせして大変すみません)

keep ~ing：「~し続ける」
- **Kate keeps changing her opinions.**
  (ケイトは意見を変え続けている)
  *＜keep + ~ing＞（~し続ける）と＜keep + 人 + ~ing＞（人に~させ続ける）をしっかり区別しましょう。

記録し続ける
- **How about keeping a record of your weight every day?** (体重の記録を毎日つけてみてはどうですか)

keep one's word＝「約束を守る」
- **You should keep your word.** (約束は守るべきです)
  *keep your promiseとも言う。

keep up with＝「~に遅れずについていく」
- **It's hard to keep up with new technologies.**
  (新しい技術についていくのは大変だ)
  *keep up with（~に遅れずについていく）、keep ahead of（~の先を行く）

keep in touch＝「連絡を取り続ける」
- **Let's keep in touch, all right?** (連絡を取り続けようね)

10 put [pút]

"モノを動かして、どこかに置く"

CD 1 Track-11

コアイメージ

「モノを動かして、どこかに置く」のがコアのイメージです。例えば＜put + 人 + in danger＞だと、「人を危険に置く」、つまり「危険な状態にする」という意味になります。他に「書く」「忘れる」「言い換える」などの意味の広がりがあります。

活用▶ put - put - put

put aside some of his pocket money

putの仲間たち
- □ **place** [pléis] 置く
- □ **lay** [léi] 置く
- □ **position** [pəzíʃən] 置く

超基本動詞10

例文

「置く」の基本
- [ ] I **put** the book on your desk.
（その本はあなたの机の上に置きましたよ）

言う
- [ ] Let me **put** it this way. (こういうことです)
  * 「このように表現してみましょう」ということです。言い換える場合や、じっくり説明しようとする場合に使います。

書く
- [ ] Don't forget to **put** your name at the top of the paper. （その用紙の上部に、忘れずに名前を書いてください）

（状況に）置く
- [ ] You shouldn't **put** yourself in danger by ignoring the rules. （規則を無視して、自分を危険にさらしてはいけない）

put 〜 behind you=「〜を忘れる」
- [ ] I want you to **put** it **behind you**.
（そのことは忘れてほしい）
  * ＜put 〜 behind you＞（〜をあなたの後ろに置く＝忘れる）

put up with=「〜を我慢する」
- [ ] How can you **put up with** the noise every day?
（この騒音にどうやって毎日耐えられるの？）

put aside=「取っておく」
- [ ] Noel has **put aside** some of his pocket money to buy a present.
（ノエルはプレゼントを買うために、お小遣いを取っておいた）

COLUMN 1
シソーラスで単語を増やそう！

　シソーラス（類語辞書）とは、1つの単語から、その単語と同じような意味を持つ語を調べることができる辞書です。いろいろな辞書が出ていますので、ぜひ気に入ったものを見つけましょう。お勧めなのは通称、CD-ROMのCOBUILD（コビルド）＊です。類語として載せてある単語が多すぎず、見やすくて、使いやすいからです。

　シソーラスを手に入れたら、まずはよく知っている単語を調べてみましょう。例えばbigはどうですか。コビルドには、1. large, great, huge …　2. important …　3. adult …などが載っています。largeやhugeなど同じ意味を持つ単語がわかると同時に、bigには、important（重要な）という意味やadult（成人の）という意味もあることがわかりますね。

　bigという比較的なじみがある単語から、勉強の幅はどんどん広がります。例えば「大きい」という意味を持つ他の単語を3つは言えるように練習したり、a big game（大切な試合）のようにbigからimportantの意味を持つ表現を勉強したりできるわけです。シソーラスを使いこなすと、英語学習の幅がどんどん広がり、知っている単語数も自然に増えていきますよ。

＊Collins COBUILD on CD-ROM
　その他、LONGMAN Language Activatorは例文が豊富に載っている。

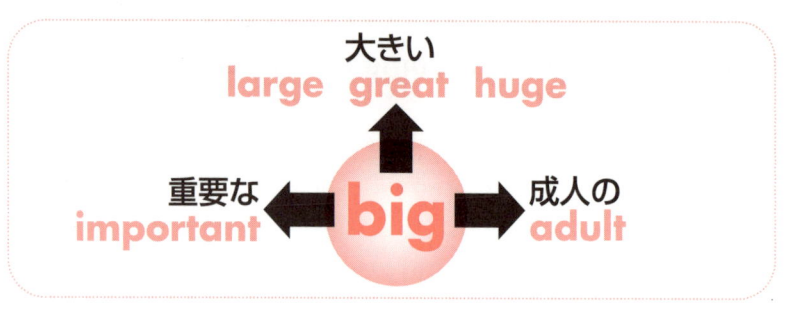

```
            大きい
       large great huge
             ↑
    重要な ← big → 成人の
   important        adult
```

第2章

ベーシック動詞

日常生活のさまざまな場面で共通して使える動詞をマスターしましょう。機能・意味で分類した10のグループで紹介します。例文で覚えて、話したり書いたりできるようにしておくことが大切です。150語が身につきます。

ベーシック動詞 1

話す

CD 1 Track-12

say（言う）から**complain**（文句を言う）まで、さまざまな「話す」があります。

※不規則動詞は活用形を表示します。

Close Up : sayとその仲間たち

「言う」という意味では、どれも同じように思える単語ですが、使い方に注意しましょう。**say**は後に言った内容が続くことが多く、She said thank you.（彼女はありがとうと言った）やHe said he'd come.（彼は来ると言った）のように使われます。**tell**は、「教える」という意味合いが強くなり、多くの場合、直後に人が続きます。Tell me your new address.（新しい住所を教えて）。**talk**は普通の会話をする場合に用い、「（人）と話す」という意味ではtoやwithを使います。Have you talked to [with] him?（彼と話した？）。**speak**は**talk**と似ていて、toやwithを用い、ほぼ同じように使えます。

---

1 ☐ **say**
[séi]

言う；発言する
● say - said - said

＊I have a say.（意見があります）のように名詞でも使う。またPeople say 〜（〜という人もいる）、He is said 〜（彼は〜だそうだ）のように「一般的に〜と言われている」という場合にも**say**を使う。

> I don't know what to **say**.
> （何と言ってよいのかわかりません）

ベーシック動詞1

2. tell [tél]
言う；教える；わかる
- tell - told - told

＊Could you **tell** me the way to the station?（駅までの道を教えてください）のように使うが、この意味ではtellの代わりに、say, speak, talkは使えない。「教える」という意味合いが強い単語。しかし、(×) Could you teach me the way ...?というようにteachを使った言い方はしないので注意。

> I asked the doctor to **tell** me about the drug's side effects.
> （私は医者にその薬の副作用を教えてくれるように頼んだ）

3. talk [tɔ́:k]
話す；論じる

＊give a **talk**（スピーチをする）やsummit **talks**（首脳会談；サミット）のように名詞でも使われる。

> All through the night, they sat and **talked** about their jobs.
> （夜通し、彼らは座って仕事のことについて話し合った）

4. speak [spí:k]
話す；口を開く；講演をする
- speak - spoke - spoken

＊I haven't **spoken** to him since this morning.（今朝から彼とは話していない）

> Diana is going to **speak** to us about her recent trip to London.
> （ダイアナがこの前ロンドンへ行った話をしてくれることになっている）

5. mean [míːn]

意味する；～するつもりである；本気である　●mean - meant - meant

＊I **mean** business.（本気だ）、You **mean** a lot to me.（あなたは私にとって大切な人だ）、I didn't **mean** to hurt you.（あなたを傷つけるつもりはなかった）と、さまざまな使い方ができる。

> You know what I **mean**, don't you?.
> （言いたいこと、わかるでしょう？）

6. ask [ǽsk]

質問する；聞く

＊よく使う＜ask 人 to ～＞（人に～するよう頼む）の形を覚えておきたい。I **asked** my sister to take care of my cats while I was away.（出かけている間、姉に猫の面倒をみてくれるよう頼んだ）

> George **asked** Ann a question but she didn't answer.（ジョージはアンに質問したが、アンは答えなかった）

7. answer [ǽnsər]

答える

＊**answer** backなら「口答えする」。名詞のanswer（答え）もよく使う。give an **answer** to the question（その質問に答える）

> I'm afraid I can't **answer** that question.
> （その質問にはお答えできません）

8. explain [ikspléin]

説明する

＊日本語では「ルールについて説明する」と言うが、英語の場合は、**explain** the rulesと言い、（×）**explain** about the rulesは間違いになるので注意。I can **explain**.とは、まずいことが見つかって「これにはわけがあるんだ」と言いたい場合にぴったり。

ベーシック動詞1

Let's ask Maggie to **explain** how to use this machine.
(マギーにこの機械の使い方を説明してくれるよう頼もう)

9. **apologize** [əpάlədʒàiz]
謝る（= to say sorry）

* ＜apologize to 人 for ～＞（～について人に謝る）という前置詞の使い方も重要。

Michael admitted his mistake and **apologized** to his girlfriend. (マイケルは自分のミスを認め、恋人に謝った)

10. **complain** [kəmpléin]
不満を言う；クレームをつける

* 痛みや苦痛を訴える場合、**complain** of a pain（痛みを訴える）とofを使うことが多い。

One of my friends often **complains** about being ignored at work.
(職場で無視されていると、しょっちゅうこぼしている友人がいる)

11. **promise** [prάməs]
約束する

* ＜promise 人 to ～＞（人に～すると誓う・約束する）、＜promise + 人 + モノ＞（人にモノをあげると約束する）、＜promise that ～＞（～と［を］約束する）はいずれもよく使う形。

You **promised** me you wouldn't drink alcohol again. (もう酒は飲まないと約束したじゃないですか)

ベーシック動詞 2

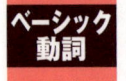

見る・聞く・感じる 【CD 1 Track-13】

ひと口に「見る」といってもTPOで使う動詞は違います。五感を表す他の動詞も覚えましょう。

Close Up: **see**とその仲間たち

Seeには「見る」以外に「会う」「わかる；理解する」という意味があります。**I can't see your point.**（あなたが何を言いたいのか、わかりません）。**look**は「目を向けて何かを見る」ことで、**at**や**through**、**toward**などの前置詞を伴います。**watch**は、**Watch out!**（気をつけて）などでもわかるように、同じものを見るにしても「注意してみる」ニュアンスです。**find**は「見つける」が基本。そこから**I found Japanese people very kind and gentle.**（日本人は親切でやさしいと思いました）のように使えます。

---

12 ☐ **see** [síː]　見（え）る；会う；わかる
● see - saw - seen

＊I **see** what you mean. He's really annoying.（あなたの言うこと、わかるわ。彼って本当にうっとうしいね）や、**See**? I told you so.（ほらね、言ったでしょ）などの用法も覚えよう。

I **saw** you cross the street this morning.
（今朝、あなたが通りを渡っているのを見ました）

ベーシック動詞2

13 ☐ look [lúk]
目を向ける；見る；〜のように見える

*The child **looks** very happy.（その子供はとても楽しそうだ）や、**look** for（〜を探す）の用法も大切。

> "I have to go," George said, **looking** at his watch.
> （「行かなくては」と、ジョージは時計を見ながら言った）

14 ☐ watch [wátʃ]
見る；注意して見る
（成り行きを）見守る

***Watch** out!（気をつけて）や、**Watch** your head [step].（頭上 [足元] に気をつけてください）という「注意する」という用法も重要。

> You spend too much time **watching** TV.
> （テレビの見すぎだよ）

15 ☐ find [fáind]
見つける；わかる
● find - found - found

*Some people **find** it difficult to show affection.（愛情を示すことを難しいと思う人もいる）のように「わかる；思う」という意味でも使う。

> Did you **find** a good place to live?
> （いい住居が見つかりましたか）

16. hear [híər]

聞こえる；聞く
- hear - heard - heard

*I often **hear** from him. (彼からよく連絡をもらう)、I **heard** them arguing. (彼らがけんかしているのを聞いた) などの用法も重要。

> Could you say that again? I didn't **hear** you.
> (もう一度言っていただけますか。聞こえませんでした)

17. listen [lísn]

耳を傾ける；（注意して）聞く

***Listen**. (あのね；いいですか) と相手の注意を引くための使い方もある。

> I spent a lot of time **listening** to the Beatles when I was young.
> (私は若いころ、時間を見つけてはビートルズを聴いていた)

18. feel [fí:l]

感じる；思う
- feel - felt - felt

*I **feel** like I'm flying. (まるで飛んでいるような感じだ)、I didn't **feel** like cooking. (料理をする気になれなかった) の用法もよく使われる。

> I know how you **feel**. (お気持ち、わかりますよ)

19. smell [smél]

においがする；においを嗅ぐ

*例文のIt **smells** good [bad]. (それはいい [悪い] においがする) という言い方と、I **smell** smoke [something]. (煙のにおいがする [何かにおう]) という言い方を覚えておこう。

> It **smells** good! What are you cooking?
> (いいにおい！　何を作っているの？)

ベーシック動詞 3 生活する

【CD 1 Track-14】

生活・人生のいろいろな場面で使う基本動詞に焦点を当てました。**marry**（結婚する）から**sleep**（眠る）まで。

Close Up: marry —— 結婚する

marryの後に前置詞のwithを付ける必要はないので注意しましょう。Will you marry me?（結婚してくれる）で十分なのです。ただし、「〜と結婚している」と言う場合は、She's married to Tony.（彼女はトニーと結婚している）と表現します。名詞形はmarriage（結婚）。

| 20 | **marry** [mǽri] | 結婚する |

＊反意語はdivorce（離婚する）。They **divorced** last month.（彼らは先月離婚した）。名詞形としてもI want a **divorce**.（離婚したい）のように使える。

I will ask her to marry me on Christmas Eve.
（クリスマスイヴに、彼女に結婚を申し込みます）

21 live [lív]
生きる；生活する；住む

＊My grandmother **lived** to be 100.（祖母は100才まで生きた）、My brother seems to **live** for baseball.（弟は野球が生きがいみたいです）という言い方もよく使う。

In general, women tend to **live** longer than men.
（一般に、女性は男性より長生きする）

22 breathe [bríːð]
呼吸する；一息つく

＊名詞のbreath [bréθ]（呼吸）との発音の違いに注意。

Close your eyes, **breathe** deeply and relax.
（目を閉じて、深く息を吸って、そしてリラックスしてください）

23 grow [gróu]
育つ；育てる；増大する
● grow - grew - grown

＊植物が育つ場合にも使える。また「育てる」という意味ではgrow以外にbring upやraiseもよく使われる。Diana was **brought up [raised]** by her grandmother.（ダイアナは祖母に育てられた）

Diana was born and **grew** up in Chicago.
（ダイアナはシカゴで生まれ育った）

24 enjoy [indʒɔ́i]
楽しむ

＊後に動詞を続けたい場合、例文のように〜ing形にする。（×）enjoy to playとは言わないので注意。

She **enjoys** playing tennis in her spare time.
（彼女は空いた時間にテニスを楽しむ）

ベーシック動詞3

25 ☐ **hurt** [hə́ːrt]
傷つける；けがをさせる
● hurt - hurt - hurt

＊体や感情などを傷つけたり、打撃を与えたりする場合に用いる。

> I'm sorry. I didn't mean to **hurt** your feelings.
> （ごめんなさい。傷つけるつもりではなかったのです）

26 ☐ **suffer** [sʌ́fər]
苦しむ；こうむる；悩む

＊**suffer** from headaches（頭痛で苦しむ）、**suffer** terrible defeat（完全に負ける）などのように使える。

> Karen **suffers** from hay fever every year.
> （カレンは毎年、花粉症に悩まされる）

27 ☐ **die** [dái]
死ぬ

＊I am **dying** for a cup of coffee.（コーヒーがほしくてたまらない）という用法もある。**die** in an accident（事故で死亡する）、**die** of cancer（ガンで死亡する）など、前置詞との関係にも注意しよう。また、名詞のdeath（死）、形容詞のdead（死亡して）などと区別して使えるようにしたい。

> The painter **died** in 1998 at the age of 92.
> （その画家は1998年、92歳で亡くなった）

28 ☐ kill
[kíl]

殺す

* **kill** oneselfなら「自殺する」→ He **killed** himself.（彼は自殺した）、**kill** timeなら「時間をつぶす」→ I went to the shop to **kill** time.（時間をつぶすためにその店へ寄った）。どちらの表現もよく使う。

> The famous actor was **killed** in a car crash in 1955. （あの有名な俳優は自動車事故で1955年に亡くなった）

29 ☐ sleep
[slíːp]

眠る；休む
● sleep - slept - slept

* **Sleep** tight.で「よく寝るんだよ」。**sleep** on itなら「一晩寝て考える」の意。let **sleeping** dogs lieはことわざで「眠っている犬はそのままにしておけ→さわらぬ神にたたりなし」。

> I usually **sleep** on my back.
> （私はたいてい仰向けで寝ます）

30 ☐ laugh
[lǽːf]

（声をたてて）笑う

* smileが「微笑む」というニュアンスであるのに対して、**laugh**は「声を出して笑う」という意味。no **laughing** matterは「笑いごとではない→重要事項」という言い方。

> Don't be afraid of making mistakes — nobody will **laugh** at you.
> （ミスを犯すことを恐れないで。だれも笑ったりしません）

ベーシック動詞3

31 ☐ **stand**
[sténd]

立つ；我慢する
- stand - stood - stood

＊**stand** upは「立ち上がる」の意。「我慢する」という意味でもよく使い、I cannot **stand** the noise.なら「この騒音には我慢できない」。

> Who is the man **standing** next to Lucy?
> （ルーシーの隣に立っている男性はだれ？）

32 ☐ **sit**
[sít]

座る
- sit - sat - sat

＊「机やテーブルにつく」は**sit** at a desk [table]、「いすに座る」は**sit** in a chairと、使用する前置詞が異なる。

> I would like to **sit** in a chair reading all day long.
> （1日中、いすに座って読書をしていたい）

ベーシック動詞 4 思う

「思う」グループの動詞を使いこなせば、
自分のココロをしっかり伝えられますよ。

[CD 1 Track-15]

Close Up: **think**とその仲間たち

thinkより、**consider**の方がさらにじっくり考えるというニュアンスがあります。**suppose**も**guess**も「推定する」という意味がありますが、**suppose**の方が「知っていることから推測している」意味合いが強くなります。また **be supposed to ～**（～することになっている）は頻出イディオムなので使い方をマスターしておきましょう。

---

33 □ **think**
[θíŋk]

思う；考える
● think - thought - thought

＊I **think** (that) soccer is fun. (サッカーは面白いと思う) や、I cannot stop **thinking** of [about] you. (君のことばかり思っている) など接続詞thatや前置詞of、aboutといっしょに使えるようにしよう。

> What do you **think** of Sammy's new girlfriend?
> （サミーの新しい恋人のこと、どう思う？）

ベーシック動詞4

34 consider [kənsídər]
じっくり考える

＊時間をかけて「熟考する」という日本語がぴったり。

Fred seems to be **considering** quitting his job.
（フレッドは、仕事をやめることを考えているようだ）

35 suppose [səpóuz]
想定する；仮定する；思う

＊be **supposed** to do（〜する予定になっている）の用法はよく使う。I am **supposed** to meet Ted at the station.（駅でテッドと会うことになっている）

I **suppose** you're right in a way.
（ある意味、君は正しいと思う）

36 guess [gés]
想像する；推測する；当てる；〜だと思う

Guess who phoned you while you were away.
（留守の間に、だれがあなたに電話してきたと思う？）

37 believe [bilíːv]

信じる；思う

*believe in God（神を信じる）のようにinを伴う場合は、「その存在や正当性を信じる・信頼している」ことになる。I can't **believe** my ears [eyes].（信じられな～い！）やI **believe** (that) he was telling a lie.（彼はうそをついていたと思う）、I **believe** his story.（彼の話を信じるよ）などの用法も覚えよう。

> Why do so many **believe** in horoscopes?
> （どうしてこんなに多くの人が星占いを信じるのだろう？）

38 doubt [dáut]

疑う

*I **doubted** if he was telling the truth.（彼が本当のことを言っているかどうか疑った）などとも言えるようにしよう。believeやtrustが反意語。なお、have a **doubt**やhave **doubts**（疑いをもつ）のように名詞でもよく使われる。

> I have no reason to **doubt** your words, Martha.
> （マーサ、君の言葉を疑う理由がないだろう）

39 suspect [səspékt]

疑わしいと思う；（人に）罪があると思う

*doubtとほぼ同意だが、doubtが「本当ではないだろうと思う」「そんなことは起こらないだろうと思う」のに対して、**suspect**は「犯人だと思う」のように、ネガティブな内容を信じる意味合いがある。

> The politician was **suspected** of bribery.
> （その政治家は贈収賄の疑いを持たれた）

ベーシック動詞4

40 ☐ **expect** [ikspékt]
予想する；（来ると）思う

* She's **expecting** (a baby).（彼女は妊娠している）もよく使うので覚えておこう。また、**expect**されるものはよいものだけではない点に注意。Scattered showers are **expected** this afternoon.（午後は所によりにわか雨になるでしょう）

> Are you still **expecting** her to come?
> （まだ彼女が来ると思っているのですか）

41 ☐ **hope** [hóup]
望む；願う

* **hope** toは「～することを願う」という意味。**hope** for the best（最善の結果を望む）、I **hope** so.（そうだといいな）、I **hope** not.（そうならないことを願う）はよく使う言い方。

> My daughter is **hoping** to be a doctor.
> （娘は医者になりたがっています）

42 ☐ **forget** [fərgét]
忘れる
● forget - forgot - forgotten

* **forget** to doは「（これから）～することを忘れる」、**forget** doingは「（すでに）～したことを忘れる」と形によって用法が異なるので注意。

> Don't **forget** to lock the office door when you leave.
> （帰るとき、オフィスのドアにカギをかけるのを忘れないでください）

43 mind [máind]
気にする

*Do you **mind**? (いいですか) は、例えばタバコを出しながらなら「吸ってもいいですか」、空いている席を指せば「座っていいですか」となる便利な表現。

> Are you sure you don't **mind** if I bring my children?（子供を連れてきても、本当に気にしないですか）

44 realize [ríəlàiz]
（重要性などが）わかる；気づく

*realize の後には、I didn't **realize** she was angry.（彼女が怒っていたとは気づかなかった）のように節を続けることも、They didn't **realize** the danger.（彼らはその危険性に気づかなかった）のように語（句）を続けることも可能。

> I didn't **realize** how important this project was for her.
> （このプロジェクトが彼女にとってどれくらい重要か、私はわかっていなかった）

45 regret [rigrét]
後悔する

*してしまったことに対する後悔の気持ちは、I **regret** (that) I lied. / I **regret** lying.（うそをついたことを後悔している）と表現できる。I **regret** to tell [inform] you that ～は「遺憾ながら～をお伝えします」の意味。

> Have you ever **regretted** giving up your job?
> （仕事をやめたことを後悔したことがありますか）

ベーシック動詞4

46 wonder [wʌ́ndər]   〜かどうかと思う；〜だろうか

*I was **wondering** if you help me this afternoon.（今日の午後、手伝っていただけないでしょうか）という、依頼の言い方もぜひ覚えておきたい。

I **wonder** if I'll recognize Peter after all these years.（何年も経っているので、ピーターがわかるだろうか）

47 seem [síːm]   〜のように思われる

*He **seems** to be a nice person.（彼はよさそうな人だ）、This case **seems** a little strange to me.（この件は少し奇妙に思える）、It **seems** like you are very tired.（とても疲れているようですね）など、いろいろな形で使える。

Everyone **seems** very bright in the office.
（そのオフィスにいる人は、みんな明るい人のようだ）

ベーシック動詞 5

意見・意志

【CD 1 Track-16】

自分の意見や意志は明確に表明しましょう。
そのためには、表明するための動詞が必要ですね。

Close Up: 賛成と反対

agree（賛成する）、disagree（反対する）ともに、＜agree [disagree] with + 人・コト＞（人・コトに賛成［反対］する）、＜agree [disagree] on / about + コト＞（コトに賛成［反対］する）のように、続く言葉が人かコトかで前置詞が異なります。賛成するという他の表現には、approveや、give a thumbs-up（親指を立ててOKと言う）など、反対するという他の言い方にはobject、give a thumbs-downなどがあります。

thumbs-up
thumbs-down

---

48 □ agree [əgríː]
同意する；（内容などが）一致する；（好みに）合う

＊「（内容が）一致する」という意味ではWhat you are saying **agrees** with her story.（君の言っていることと、彼女の話は一致している）、「好みに合う」という意味ではThe local food didn't **agree** with me.（その地方の食べ物は、私に合わなかった）のように使う。

> My wife rarely **agrees** with me.
> （妻が私に同意することはめったにない）

49 □ disagree [dìsəgríː]
意見が合わない；一致しない；合わない

> My father and I often **disagree** on educational topics.（父と私はよく教育に関する話で反対し合う）

ベーシック動詞5

50 ☐ **accept** [æksépt]
(プレゼント・招待・申し出などを)受ける；受け入れる；応じる

* Do you **accept** VISA?(VISAカードを使えますか)は「相手が受け入れる→使える」の意の用法。

> Babe **accepted** the job offer from the up-and-coming firm.
> (ベイブは、その将来性がある会社からの仕事の申し出を受けた)

51 ☐ **admit** [ædmít]
(嫌々ながら)認める；入ることを許す

* I was **admitted** to the hospital. なら「入院した」ということ。

> The lawmaker finally **admitted** that he had accepted bribes.
> (その議員はわいろを受け取ったと、ついに認めた)

52 ☐ **decide** [disáid]
決心する (= make up one's mind)

*「~することを決める」と表現したい場合には、**decide** to doまたは**decide** that ~の形をとる。また例文のように疑問詞を続けて、**decide** when [whether / how / what / where] to do (いつ[かどうか/どのように/何を/どこで]~するかを決める)とも表現できる。

> Have you **decided** when to leave for New York?
> (ニューヨークにはいつ行くか決めましたか)

53 ☐ **intend** [inténd] — ～するつもりだ

＊例文のように**intend** to do（～するつもりだ）の形のほか、**intend** that ～、**intend** doingの形も使われる。This program is **intended** for children.（このプログラムは子供用です）

> My grandmother **intends** to study comparative culture at university.
> （祖母は、大学で比較文化論を研究するつもりだ）

54 ☐ **describe** [diskráib] — 表現する；(詳しく)述べる；説明する

＊His friends **describe** Parker as a gentle, intelligent person.（友人たちはパーカーのことをやさしく頭がいい人だと言う）のように＜describe＋人・物＋as ～＞という言い方もできる。

> In that test, you have to **describe** what you see in some pictures.
> （そのテストでは、数枚の絵を見て描写しなくてはならない）

55 ☐ **emphasize** [émfəsàiz] — 強調する；重視する

＊例文のように重要だと思っている部分を強調する場合のほか、言葉などを強めて言う場合にも使える。She **emphasized** "Doctor" when introducing herself.（彼女は自己紹介したとき、ドクターを強調した）

> The psychologist **emphasized** the importance of family ties.（その心理学者は、家族の絆が重要だと強調した）

ベーシック動詞5

56 □ suggest [sədʒést]
提案する；意見を言う；示す；暗示する

＊My parents **suggested** that we go abroad this summer.（私の親は、この夏海外へ行こうと提案した）のようにthatを続けて節を導ける。物を主語にしてThis line **suggests** the author's point.（この行に著者の言いたいことが表れている）とも言える。

> My sister **suggested** talking directly with you before passing judgment.
> （判断する前に、あなたと直接話すよう姉が勧めた）

57 □ persuade [pərswéid]
説得する；納得させる

＊理由を述べて、相手を説得すること。形容詞はpersuasiveで、**persuasive** arguments（説得力のある言い分）のように使う。

> I somehow **persuaded** my parents to meet Roger.
> （ロジャーに会ってもらえるように何とか親を説得しました）

58 □ refuse [rifjúːz]
拒む；断る

＊refuseを名詞で使えば、不可算名詞で「ゴミ」という意味になる。

> The scandal-tainted politician **refused** to answer any questions.
> （そのスキャンダルまみれの政治家は、いかなる質問にも答えることを拒否した）

ベーシック動詞 6 — 社交する

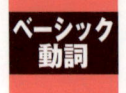

【CD 1 Track-17】

人とのお付き合いで必須の動詞いろいろ。
日常会話でも商談でもパーティーでも重宝します。

---

59 ☐ **meet** [míːt] | 会う；面会する；出迎える
● meet - met - met

＊他に **meet** a need（必要を満たす）、**meet** a target（目標を達成する）などの用法も覚えたい。

I'll **meet** you in front of the cinema at six p.m.
（6時に映画館の前でね）

---

60 ☐ **wait** [wéit] | 待つ

＊例文のように「人を待つ」とか、また「～の間待つ」と言いたい場合には、forが必要なので注意。You generally have to **wait** to use the Internet at the library.（図書館でインターネットを使うためには、たいてい待たなくてはいけない）

Wait for me right here until I come back.
（私が戻るまで、ここで待っていてください）

---

61 ☐ **join** [dʒɔ́in] | （メンバーとして）参加する；加わる；合流する

＊Can I join you?（ご一緒していいですか）はレストランなどで相席する場合に使える。

Don't wait for me. I'll **join** you at the restaurant.
（先に行ってください。レストランで合流しますから）

ベーシック動詞6

Close Up: thankとappreciate

thankと**appreciate**はどちらも「感謝する」という意味を持ちますが、使い方が違います。**thank**は＜thank + 人 + for ～（感謝する内容）＞の形をとり、Thank you for your hospitality.（親切にしてくださってありがとうございます）のように使います。一方、**appreciate**は＜appreciate + 名詞＞の形で、I appreciate your hospitality.（親切にしてくださってありがとうございます）と使います。**appreciate**はまた、芸術や人の長所、問題の重大さなどを「わかる」という重要な意味があります。Can't you appreciate the beauty of this picture?（この絵のよさがわからないのですか）。

---

62 ☐ **thank** [θæŋk] — 感謝する

I would like to **thank** all of you for your cooperation.（皆様のご協力に感謝申し上げます）

---

63 ☐ **appreciate** [əpríːʃièit] — 感謝する；よさがわかる

＊I would **appreciate** it if you could give me a quick reply.（至急お返事をいただければありがたいです）はレターなどに使える決まり文句。

Dean **appreciated** your hospitality when he was in San Francisco.
（ディーンは、サンフランシスコ時代にあなたに親切にしていただいたことに感謝していました）

Close Up: allow / approve / permit

allowは「許す」という意味で、＜allow + 人 + to do＞（人に~することを許す）の形でよく使います。allowが「私的な許可」であるのに対して、permitは「法律や規則などで許可する」という意味合いが強くなり、＜permit + 人 + to do＞の形でよく用います。approveは「正式に計画や提案などに賛同し受け入れる」ことを表します。

64 allow [əláu]
許す；与える；可能にする

*I **allowed** myself a lot of time to get to the airport.（空港へ行くのに、たっぷりと時間をとった）や**Allow** me.（お任せください）のような用法もある。

The employees are not **allowed** to smoke in the office.（従業員たちは、オフィスでの喫煙を許可されていない）

65 permit [pərmít]
許す；同意する；可能にする

No one is **permitted** to enter the room.
（その部屋にはだれも入ることを許されていない）

66 approve [əprúːv]
賛成する；承認する

The government will not **approve** the proposed educational reform plans.
（政府は提案された教育改革案に賛同しないだろう）

ベーシック動詞6

Close Up: blameとcriticize

blameは悪い人や出来事を「〜のせいだと責める」意味合いが強い語で、**criticize**は「感心しない・賛同できないと批判する」という意味合いが強い語です。用法は、**blame**が＜blame + 人 + for [on] + モノ＞、**criticize**が＜criticize + 人 + for (doing) 〜＞という形です。

67 blame [bléim]
責める

*Don't **blame** me.(私の責任じゃないので、責めないで)もよく使われる言い方。これには文脈によって「やめておいたほうがいいよ」という気持ちやアドバイスが含まれる場合もある。

> I wouldn't **blame** Sam's wife for walking out on him.(私はサムから去っていった奥さんを責めようとは思わない)

68 criticize [krítəsaiz]
批判する；あら探しをする

*＜criticize + 人 + for 〜＞の形では、The boss **criticized** him for (making) mistakes.(上司は彼のミスを批判した)のように使う。

> My grandmother **criticizes** and complains all the time.(祖母はいつもあら探しをしては文句ばかり言っている)

69 ☐ invite [inváit] — 招待する

*＜invite + 人 + to ～＞の形を覚えておこう。

Why don't you invite Mr. Warden to your wedding reception?
(あなたの結婚披露宴にワーデン先生をお招きしてはいかがですか)

70 ☐ send [sénd] — 送る；(メッセージなどを) 伝える
● send - sent - sent

*＜send + 人 + モノ＞、＜send + モノ + to 人＞の形を覚えておこう。

Dana sent me some pictures of her children.
(ダナは彼女の子供たちの写真を送ってくれた)

71 ☐ care [kéər] — 大事だと思う；気にする

*Who cares? は「だれが気にするというのか→だれも気にしない；大した問題ではない」という意味の決まり文句。I don't care to discuss the issue. (その件については話したくない)、Would you care for a drink? (飲み物はいかがですか)、She cares about [for] animals. (彼女は生き物を大事にする) など、前置詞と組み合わせた用法も覚えよう。

I don't care what people think of me.
(人が私のことをどう思おうが気にしません)

72 ☐ forgive [fərgív] — 許す
● forgive - forgave - forgiven

*Can you forgive me? (許してくれる？) という言い方も覚えておくと便利。

ベーシック動詞6

Allen lied to me, and I still cannot **forgive** him for that.
（アレンは私にうそをついたが、私はそれをまだ許せないでいる）

73 □ **help** [hélp] 助ける；手伝う；避ける

＊**help**には「避ける」の意味があり、can't **help** doingで「～することが避けられない→～せざるをえない」となる。Watch the movie. I'm sure you can't **help** crying.（その映画を観てよ、絶対泣くよ）

Could you **help** me carry my suitcase up the stairs?（スーツケースを運び上げるのを手伝っていただけますか）

74 □ **offer** [ɔ́:fər] 申し出る；オファーする

＊名詞としてもよく使う。a good **offer**（いい話）

Renee was **offered** a full-time job, but she turned it down.
（レニーはフルタイムの仕事を持ちかけられたのに断ってしまった）

75 □ **follow** [fálou] ついていく；～の後に起こる

＊Are you **following** me?（わかりますか）は常用フレーズ。**follow** rules [advice]なら「規則［アドバイス］に従う」の意。

I just **followed** my friend's car, so I don't remember the route well.
（友達の車についていっただけなので、道をよく覚えていません）

76 show
[ʃóu]

示す；教える

*Could you **show** me how to do it?(どのようにするか、教えていただけますか)、I'll **show** you around the town.(町を案内します)のほか、**Show** him the door.(帰ってもらってください)という使い方も。

Show your ticket stub when re-entering the hall.
(ホールに再入場する際は、チケットの半券を見せてください)

77 support
[səpɔ́ːrt]

支持する；賛成する；支える

*supportの後は、人や考え方などを続けることができる。

Some people **support** the idea of euthanasia, and some oppose it.
(安楽死に賛成の人もいれば、反対の人もいる)

78 trust
[trʌ́st]

信じる；あてにする
⇔ distrust（信頼しない）

*You have to **trust** your employees to do good jobs.(従業員がいい仕事をしてくれると信じなくてはいけません)という＜trust + 人 + to do＞の用法もある。

You can **trust** him with your money.
(彼にお金を預けても大丈夫ですよ)

79 admire
[ædmáiər]

賞賛する；すばらしいと思う

*＜admire + 人 + for ～＞の形を覚えて使いこなそう。

Everybody **admires** Julia for her courage.
(だれもがジュリアの勇気をすばらしいと思っている)

ベーシック動詞6

80 obey
[oubéi]

従う ⇔ disobey（そむく）

＊同じ意味を持つfollowも重要語。また「ルールなどに従う」場合はabide byという表現もよく使われる。

> Mr. Burton expects his students to **obey** him.
> （バートン先生は、生徒たちは自分に従うものだと思っている）

81 praise
[préiz]

ほめる；賞賛する

＊＜praise + 人 + for + 賞賛の内容・理由＞の形を覚えておこう。名詞の用法もあり、数えられない名詞として用いられる。He was full of **praise** for the staff.（彼はスタッフを大いにほめた）

> **Praise** her for being almost perfect instead of criticizing small mistakes.
> （ほぼ完璧だったのだから彼女をほめてあげてください。小さなミスをあげつらわないで）

82 warn
[wɔ́ːrn]

注意する；警告する；予告する

＊＜warn + 人 + of [about / not to] ～＞の形が重要。

> I **warned** her of [about] the dangers of going to that area alone. （私は彼女に、その地域へ1人で行くことは危険だと注意した）

83 pretend
[priténd]

～のふりをする；見せかける；偽る

＊名詞はpretense（口実；偽り）、形容詞はpretended（うわべだけの；偽りの）。

> Kent **pretended** to be ill and took a day off.
> （ケントは病気のふりをして1日休んだ）

ベーシック動詞 7 移動する

【CD 1 Track-18】

日常生活に移動はつきもの。基本的な移動の動詞を覚えておけばいろいろな場面で使えます。

---

84 ☐ **arrive** [əráiv] — 到着する；届く；生まれる

＊名詞はarrival（到着）⇔ departure（出発）

> You're going to **arrive** at Gatwick at ten in the morning, right?
> （ガトウィックには午前10時に着くのですよね？）

---

85 ☐ **reach** [ríːtʃ] — （目的地に）達する；着く；（手などが）伸びる

＊**reach** retirement age（退職年齢になる）、**reach** the goal（目標に到達する）、**reach** an agreement（合意に達する）のように使う。「（手を）伸ばす」という意味では、必ず**reach** for（～の方へ）、**reach** into（～の中へ）のように前置詞を伴うので注意。

> I **reached** Oxford shortly after one o'clock.
> （私は1時少し過ぎにオクスフォードに着いた）

---

86 ☐ **visit** [vízit] — 訪ねる

＊visitの後には人や場所を直接続ける。go toやcome toと同じ意味だが、visitは少し丁寧な表現で、書き言葉として使える。

> My mother **visits** her parents at least once a month.（母は少なくとも月に1度、両親を訪ねている）

ベーシック動詞7

87 □ **enter** [éntər]
(建物・部屋に)入る；(会社などで一員として働くために)入る

＊他動詞として使う場合は後にtoやintoをつけないように注意。ただし、**enter** into discussions [negotiations]（話し合い[交渉]を始める）や**enter** into an agreement [a contract]（契約を結ぶ）などの表現もある。**enter** your user name and password（ユーザーネームとパスワードを入れる）は、パソコン関連でよく使われるフレーズ。

| When the president **entered** the room, everyone stood up.（社長が部屋に入ってきたとき、全員が起立した）

88 □ **return** [ritə́ːrn]
(元いた場所へ)戻る；返す

＊他動詞としては「返す；返却する」の意味で使える。Please **return** this book to him.（彼にこの本を返してください）

| He **returned** to Madrid to look after the family business.（彼は家業をみるためにマドリードへ戻りました）

89 □ **carry** [kǽri]
運ぶ；持ち歩く；(店が商品を)扱う

＊**carry** a virusなら「ウイルスを運ぶ→ウイルスに感染している」、**carry** a babyは「妊娠している」の意となる。

| The elderly man was **carrying** a huge sack.（その高齢の男性は大きな袋を運んでいました）

90 □ **pass** [pǽs]
通(りすぎ)る；合格する；拒絶する

＊**pass** away（亡くなる）はdie（死ぬ）の婉曲表現。

| I **pass** that movie theater on the way to work.（私は仕事に行く途中で、その映画館を通りすぎる）

ベーシック動詞 8 — 動作と動き

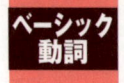

【CD 1 Track-19】

人の動作・モノの動きを表す動詞はたくさんあります。まず代表的なものを覚えましょう。

Close Up: useとborrow

「借りる」とくれば、borrowという動詞を思い起こします。しかし、日本語では「電話をお借りしてもいいですか」と言いますが、英語では（×）Can I borrow your phone?とは言わず、一般にCan I use your phone?と言うのです。borrow（借りる）は、傘やペンなどのように持ち運べるものを借りる場合に使い、トイレや電話など移動できないものを借りるときにはuseを使います。

91 use [júːz] — 使う

Can I use your phone to call a taxi?
(タクシーを呼ぶのに電話を使ってもいいですか)

92 borrow [bárou] — 借りる

Can I borrow your pen?
(ペンをお借りしてもいいですか)

ベーシック動詞8

startとbegin

どちらも「始める」の意味では同様に使えます。＜start [begin] to do＞、＜start [begin] doing＞、＜start [begin] モノ＞というように、to不定詞、動名詞、名詞を続けることができます。なお、一般的にstartは会話でよく用いられ、beginは書き言葉でよく用いられる傾向があります。なお、反意語はstop（止める）ですが、**stop smoking**（禁煙する）、**stop to smoke**（タバコを吸うために〜［それまでしていた動作など］をやめる）と、後続が動名詞とto不定詞では意味が違ってくるので注意しましょう。

93 start [stáːrt] 始める；出発する

94 begin [bigín] 始める；始まる
● begin - began - begun

I'm looking forward to **starting [beginning]** my new job next week.
（来週、新しい仕事を始めることを楽しみにしています）

95 appear
[əpíər]

現れる ⇔ disappear（消える）

＊「～（のように）見える；～と思われる」という用法も重要。He **appears** to be in his forties.（彼は40代のように見える）

When your face suddenly **appeared** at the window, I was scared.
（あなたの顔が突然窓のところに現れたときは、こわかった）

96 throw
[θróu]

（ボールなどを）投げる；（投げるように）置く　●throw - threw - thrown

＊<throw + モノ + at / to / toward ～>で「モノを～に向かって投げる」という意味になる。

Never **throw** away plastic products—we're collecting them for recycling.
（プラスチック製品を捨てないでください。リサイクル用に回収しています）

97 catch
[kætʃ]

捕まえる
●catch - caught - caught

＊「手で動いているものをとらえる」ことが基本の意味。I'm sorry I didn't **catch** your name.（お名前を聞き逃してしまいました）

The boy **caught** the ball his father threw.
（少年は父親が投げたボールをとらえた）

98 draw
[drɔ́ː]

（線で）描く；（カーテンを）引く・閉める
●draw - drew - drawn

＊**draw** a conclusionなら「結論を出す」の意。名詞もdrawで、「引き分け；呼び物」の意味がある。

ベーシック動詞8

> My daughter often asks me to **draw** a picture of a dinosaur.（娘はよく恐竜の絵を描いてくれと頼む）

99 □ cover [kΛbər]
覆う；保護する；含む；扱う；適用される

＊「含む」の意ではThe lecture **covered** most of the important points on this issue.（講義はこの件に関する重要点をほぼ取り上げていた）のように、「適用される」の意ではThe insurance **covers** you while abroad.（この保険は海外にいるときに適用される）のように使える。

> Babe **covered** his face with his hands and burst into tears.（ベイブは顔を手で覆うと、泣き出した）

100 □ fasten [fæsn]
締める；固定する ⇔ unfasten（緩める）

＊**fasten** A to Bは「AをBに固定する・縛りつける」。

> Please keep your seat belt **fastened** at all times while seated.（シートベルトは着席時には常にお締めください）

101 □ fold [fóuld]
(紙や布などを)折りたたむ；(店を)たたむ；(事業などが)つぶれる ⇔ unfold（開く；展開する）

＊**fold** into two（2つ折にする）、**fold** one's arms（腕を組む）なども覚えよう。

> The child **folded** the paper carefully, just as he was taught.
> （その子供は、教えられたとおりに注意して紙を折りたたんだ）

102 escape [iskéip]
逃げる；避ける

＊**escape** fromで「〜から逃れる」。The name **escapes** me.（名前を思い出せない）と言うこともできる。

> He managed to **escape** from the burning house with minor injuries.
> （彼はたいした怪我もなく、燃えさかる家から逃げることができた）

103 hide [háid]
隠す；秘密にする
● hide - hid - hidden

＊**hide** the letter from my parents（その手紙を親に秘密にする）

> Richard **hides** cigarettes in his desk drawer.
> （リチャードは机の引きだしにタバコを隠している）

104 press [prés]
（指で）押す；プレス（加工）する；強制する

＊「押す」や「強制する」という意味ではpushとほぼ同じように使える。

> Could you please **press** the button for the fifth floor?（5階のボタンを押していただけますか）

105 shake [ʃéik]
振る；揺する
● shake - shook - shaken

＊**shake** hands with 〜は「〜と握手する」、**shake** your headなら「頭を横に振る→賛同しない；あきれている」の意。名詞のshakeには「地震」という意味や、飲み物の「シェーク」という意味もある。

> **Shake** the blankets well before putting them in the closet.
> （クローゼットにしまう前に、毛布をよく振ってください）

ベーシック動詞8

106 shut [ʃʌt]
(ドア・店・目などを) 閉める；閉じる；閉まる　●shut - shut - shut

＊**shut** down a plantは「工場を閉鎖する」、keep your mouth **shut** about～なら「～について黙っている」という意味。

> Make sure you **shut** the kitchen window before going upstairs.
> (2階に行く前に、キッチンの窓を必ず閉めてください)

107 bend [bénd]
曲げる；曲がる
●bend - bent - bent

＊**bend** the rulesなら「規則を曲げる」。

> The girl **bent** over to pick up the flower.
> (少女は花を摘もうとしてかがみこんだ)

108 separate [sépərèit]
分ける；別居する

＊separateには形容詞の用法もあり、in a **separate** pan (別の鍋で)、go your **separate** ways (違う道を行く→別れる) のように使える。

> The tall fence **separates** our house from our neighbor's.
> (我が家と隣は高いフェンスで隔てられている)

109 tie [tái]
結ぶ；引き分ける
⇔ untie (解く；ほどく)

＊tie A to [with] Bで「AをBに結びつける」。**tie** a knotは「結び目を作る」だが、**tie** the knotとすれば「結婚する」という慣用表現になる。

> Valerie bent down to **tie** her shoelaces.
> (バレリーは靴ひもを結ぶためにかがんだ)

110 lift [líft]
持ち上げる；（目・顔などを）上げる；（制裁措置などを）解除する

*not [never] **lift** a finger で「～しようともしない」の意。

The clerk **lifted** the box onto the table and opened it.（事務員はその箱をテーブルの上に持ち上げてから、開けた）

111 break [bréik]
壊す；割る
● break - broke - broken

*He **broke** his leg.（彼は足を折った）。**break** the law（法律を破る）、**break** the habit（その習慣をやめる）、**break** the news（知らせを伝える）などさまざまに使える。

Who **broke** my favorite vase?
（私の好きな花瓶を壊したのはだれ？）

112 decorate [dékərèit]
飾る

*名詞形はdecoration（装飾）。

We look forward to **decorating** the Christmas tree.
（クリスマスツリーを飾ることを楽しみにしている）

ベーシック動詞 9 数字とお金

【CD 1 Track-20】

数字とお金にまつわる動詞は限られています。
スムーズに使えるようにしておきましょう。

---

113 ☐ **add** [ǽd] | 加える；(数字を) 足す

*一緒にsubtract（引く）、multiply（掛ける）、divide（割る）も覚えよう。Calculators can **add**, subtract, multiply, and divide.（計算機は足したり、引いたり、掛けたり、割ったりできる）

I think you need to **add** a little more salt to the soup.（スープにもう少し塩を加えたほうがいいのではないですか）

---

114 ☐ **count** [káunt] | 数える；計算する；含む

*Count me in.は「私も入れてください」、Count me out.なら「私は外してください」。count on（〜に頼る）は重要イディオム。

The accountant **counted** the money before putting it into the safe.（会計士は、お金を金庫に入れる前に数えた）

---

115 ☐ **increase** [inkríːs] | 増やす；増える
⇔ decrease（減らす；減る）

***increase** its workforce by 10 percentなら「労働力を10パーセント増やす」。名詞の**increase**も、The company saw a sharp **increase** in productivity.（その会社は生産性が急上昇した）のようによく使われる。

Our company has **increased** its workforce to 600 employees.（我が社は社員を600人にまで増やした）

Close Up: cost / pay / spend

いずれもお金に関係が深い動詞です。**cost**は「かかる」「高くつく」という日本語がぴったりで、It'll **cost** you.（それは高くつきますよ）と言うこともできます。**spend**と**pay**は似ていますが、前置詞の使い方には注意が必要です。例えば、I **paid** £200 for this seminar.（このセミナーに200ポンド払った）は、**spend**を使って表現すればI **spent** £200 on this seminar.となります。

116 ☐ cost [kɔ́ːst]
（費用・金額が）かかる；高くつく
● cost - cost - cost

＊＜cost + A + B＞（AにBをかけさせる）という用法もある。The accident **cost** him his leg.（その事故で彼は片足を失った）

A loaf of organic bread will **cost** you at least $4.
（オーガニックの食パンは1本で4ドルはする）

117 ☐ pay [péi]
払う；割に合う；償う
● pay - paid - paid

＊「払う」という基本的な意味以外に「割に合う」→ Gambling doesn't **pay**.（賭け事は割に合わない）、「償う」→ You'll **pay** for this.（このことに対して支払うことになる→このお返しはするぞ）などの用法がある。**pay** attention to（〜に注意を払う・向ける）は重要イディオム。

How much did you **pay** for that computer?
（そのコンピュータにいくら払ったのですか）

ベーシック動詞9

118 spend [spénd]
使う
● spend - spent - spent

*spend money [2,000 yen] on ~（~にお金を［2000円を］使う）、spend a lot of time doing ~（~して多くの時間を使う）などの用法が大切。

> I **spent** $180 on her birthday present.
> （彼女の誕生日プレゼントに180ドル使った）

119 compare [kəmpéər]
比べる

*compare A with [to] Bで「AとBを比べる」。例文はこれが受け身の分詞構文になったもの。

> **Compared** with other companies, the salaries here are quite high.
> （他の会社と比べて、わが社の給料はとても高い）

120 earn [ə́ːrn]
稼ぐ；もうける

*earnの後はお金以外のものを続けられる。earn a reputation（評判を得る）、earn a prize（賞を獲得する）など。

> The car mechanic **earns** more than $60,000 a year.
> （あの自動車整備工は1年に6万ドル以上稼ぐ）

121 save [séiv]
貯金する；節約する；残して（取って）おく；助ける

*saveには「助ける」の用法もある。The firefighters **saved** the children from the fire.（消防士は、子供たちを火災から救出した）

> We have **saved** enough to buy a house.
> （私たちは家を買うのに十分な貯蓄をした）

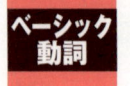

ベーシック動詞 10 — 仕事と学習

【CD 1 Track-21】

ビジネスで使う動詞は多種多様です。まず基本的なものを使いこなせるようにすれば、仕事の幅が広がりますよ。

Close Up: succeedとfail

「成功する」を表現する**succeed**は、＜**succeed in doing**＞（～するのに成功する）の形で使われることが多いので、しっかり覚えましょう。また反対の意味の**fail**（失敗する）は、＜**fail to ～**＞の形で、「～し損ねる」という意味を表現できます。この2つの動詞をセットで覚えて使えるようにしましょう。

122 succeed [səksíːd] — 成功する

＊名詞はsuccess（成功）、形容詞はsuccessful（成功した）、succeeding（次の；続いて起こる）がある。

Our shop **succeeded** in attracting many customers.（当店は大勢の客を引きつけるのに成功した）

123 fail [féil] — 失敗する；～しそこねる；～しない

＊名詞のfailは＜～ without **fail**＞（必ず～する）という形で使われることが多い。名詞のfailure（失敗）も一緒に覚えよう。

Unfortunately, Josef **failed** to submit his proposal by the due date.
（残念ながら、ジョセフは締め切り日に提案書を提出し損ねた）

ベーシック動詞10

win と lose

Winは「勝つ」という意味で、win the game（試合に勝つ）やwin the prize（賞を獲得する）のように使います。逆のloseは、「負ける」や「失う」という意味があります。lose the game（試合に負ける）やlose my job（職を失う）、lose my wallet（財布をなくす）などと使います。

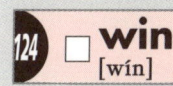

124 win [wín]
勝つ；獲得する
- win - won - won

The incumbent mayor **won** the election by 20,000 votes.（現役の市長が2万票差で勝った）

125 lose [lúːz]
失う；負ける
- lose - lost - lost

*__lose__ weight（やせる）、**lose** your temper [cool]（怒る）の用法もある。I lost my grandmother. なら「祖母をなくした」。

I **lost** my job when the company went bankrupt.
（会社が倒産して、私は職を失った）

126 learn [lə́:rn]
学ぶ；知る；暗記する

＊studyは「研究する」という意味合いが強く、learnには「身につける」という意味合いがある。**learn** (how) to do ~（~のしかたを学ぶ）、**learn** of his death（彼の死を知る）、**learn** from your mistakes（ミスから学ぶ）のように使う。

I'm wondering if there's a good way to **learn** English.（英語を身につけるのに、何かいい方法があるだろうか）

127 build [bíld]
建てる
● build - built - built

＊「大きな建物や橋などを建てる」という意味で使われることが多いが、Tension is **building**.（緊張が高まっている）、**build** trust（信用を築く）などとも言える。

The cosmetic company decided to **build** a new plant in China.
（その化粧品会社は、新工場を中国に作る決定をした）

128 invent [invént]
作り出す；発明する

＊**invent** some excuse（口実をでっちあげる）のように「でっちあげる」という意味もある。

In 1876, at the age of 29, Alexander Graham Bell **invented** the telephone.
（1876年、29歳のときにアレクサンダー・グラハム・ベルは電話機を発明した）

ベーシック動詞10

129 prepare [pripéər]
準備する

* **prepare** the meal for the guests(客のために食事を準備する)、**prepare** to take the exam(受験の準備をする)などの使い方も覚えよう。

> Sue is busy **preparing** for the meeting next week.
> (スーは来週の会議の準備で忙しい)

130 finish [fíniʃ]
終える;完成する

* 「~することを終える」という場合、<finish ~ing>となることに注意。**finish** secondなら「2位になる」。put [give] the **finishing** touch to ~(~に最後の仕上げをする)という用法もある。

> Have you **finished** drawing up the contract yet?
> (契約書はもう書けましたか)

131 change [tʃéindʒ]
変わる;変える

* **change** from water to ice(水から氷へ変わる)のように変化の後先はfromとtoで表す。**change** conditions [circumstances / attitudes / jobs / trains](条件[状況/態度/仕事/列車]を変える)のようにいろいろなものの変更を表せる。なお、この場合必ず変えるものが複数になる。

> Things don't **change** overnight—you know that.
> (物事はひと晩では変わらないよ。わかっているだろう)

132 include [inklú:d]
含む;入れる

* <be included in ~>(~に含まれる)の用法もよく使われる。

> The price does not **include** tax and a $2.00 delivery charge.(価格には税金と2ドルの配送料は含まれていません)

133 contain
[kəntéin]

含む；入る；(感情などを) 抑える

*「抑える」の用法は、**contain** my anger（怒りを抑える）、**contain** an oil spill（石油流出の広がりを抑える）など。なお、名詞のcontainerは日本語でもコンテナ（大型容器）というように、内部に物を入れる箱やボトルのこと。

He opened the bag, which **contained** odds and ends. (彼はバッグを開いた。そのバッグにはガラクタが入っていた)

134 control
[kəntróul]

指揮する；経営する；管理する；支配する；制御する

*「制御する」という意味では、**control** one's anger（怒りを抑える）のように使える。

Those facilities are **controlled** by Samuel Group.
(これらの機関はサミュエル・グループが指揮している)

135 provide
[prəváid]

与える

*「人にモノを与える」には、＜provide + 人 + with + モノ＞と＜provide + モノ + for / to + 人＞の2つの形がある。

The government will **provide** temporary accommodations for the refugees.
(政府は難民たちに一時的な宿泊場所を提供する)

136 deal
[díːl]

対処する；配る；売買する
● deal - dealt - dealt

*「対処する」という意味ではwithを、「売買する」という意味ではinを伴う点に注意。The company **deals** in oil.（その会社は石油を扱っている）。名詞としてはIt's a **deal**.（それで手を打とう）のような常用フレーズがある。

ベーシック動詞10

> We have the guidelines to **deal** with complaints from customers.
> （当社には顧客からの苦情に対処するためのガイドラインがあります）

137 improve [imprúːv]
改善する；よくなる

＊自動詞としては、The situation [weather] **improves**.（状況［天気］がよくなる）のように使える。

> I wanted to **improve** my English, so I went to a school in New York.
> （英語がうまくなりたかったので、ニューヨークにある学校に行きました）

138 repair [ripéər]
修理する

＊**repair** the damage to his face なら「顔の傷を治す」の意。repair には名詞の「修理」もある。beyond **repair**（取り返しがつかない）

> Where can I have the projector **repaired**?
> （どこでプロジェクターを修理してもらえますか）

139 depend [dipénd]
〜次第である；頼る

＊It **depends**. なら「時と場合によります」という意味の決まり文句。

> The amount you earn **depends** on your age and experience.（どれだけ稼ぐかは、年齢と経験による）

83

140 represent [rèprizént]
〜を代表する；〜の代理をする；意味する；象徴する

＊名詞はrepresentative（代表者；代理人；国会議員）

Joe is going to **represent** the company at the next conference.（次の会議ではジョーが会社を代表する）

141 deserve [dizə́ːrv]
値する；権利がある

＊動名詞や不定詞を続けられる。He **deserves** punishing [to be punished].（彼は罰を受けて当然だ）

Martha **deserves** the highest praise for her tireless efforts.
（マーサは絶え間ない努力を続けているので最も賞賛されるべきだ）

142 limit [límit]
制限する

＊limited / unlimitedという形容詞としてもよく使われる。have **unlimited** access to〜なら「〜に無制限にアクセスできる」。

A lack of experience will **limit** your job opportunities.
（経験不足だと仕事のチャンスが制限されるだろう）

143 forbid [fərbíd]
禁止する
● forbid - forbade / forbad - forbidden

＊＜forbid + 人 + from doing＞＜forbid + 人 + to do＞で「人が〜するのを禁じる」の用法。**forbid** my children from going out（子供たちの外出を禁止する）。prohibit（禁止する）と同様にフォーマルな語で、「規則や法律によって禁止する」場合によく用いる。

ベーシック動詞10

The company **forbids** its employees to access web sites unrelated to work.
(その会社は、社員が仕事に関係のないウェブサイトにアクセスすることを禁じている)

144 □ **defend** [difénd] 守る；支持する；擁護する

* **defend** you from [against] the enemy（君を敵［攻撃］から守る）という用法もある。

Her courage in **defending** her belief inspired many people.
(彼女が自分の信念を守るために見せた勇気は多くの人を動かした)

145 □ **mark** [máːrk] 印をつける；記念する

* mark A with B（AにBで印をつける）、mark A on B（BにAの印をつける）の形も覚えよう。「記念する」の意では、This year **marks** our 20th anniversary.（今年は私たちの20周年記念だ）のように使う。

She **marked** the pages that she found interesting with yellow Post-its.
(彼女は自分が面白いと思ったページに、黄色い付せんで印をつけた)

146 □ **prove** [prúːv] 証明する；〜であることがわかる
● prove - proved - proved / proven

*「〜であることがわかる」の意味ではThe new product **proved** to be a disaster.（新製品は大失敗だった）のように使う。

How can you **prove** their guilt without evidence?
(証拠なしで、彼らの罪をどうやって証明できるのですか)

85

147 cause
[kɔ́ːz]

引き起こす；原因となる

*＜cause A + B＞（AにBをもたらす）の用法もある。The boy **causes** me a lot of trouble. ＝ The boy **causes** a lot of trouble for me.（その少年には手を焼いている）。名詞の用法も大切で、a major **cause**（主な原因）、**cause** and effect（原因と結果）のように使われる。

Heavy snow **caused** delays at many airports.
（大雪のせいで、多くの空港で遅れが見られた）

148 damage
[dǽmidʒ]

傷つける；傷つく

***damage** his authority [reputation]（威厳［評判］を傷つける）のように「概念的なものを損ねる」意味でも使える。「損害」という意味の名詞としてもよく使う。

Smoking can seriously **damage** your health.
（喫煙は健康に深刻な害を与えうる）

149 behave
[bihéiv]

ふるまう

***behave** yourself（行儀よくする）、a well-**behaved** child（行儀のよい子供）。

The kids have to know how to **behave**.
（その子供たちは行儀というものを学ばなくてはならない）

150 spoil
[spɔ́il]

だめにする；甘やかす

*「甘やかす」という意味では、I don't want to **spoil** my children.（子供を甘やかしたくない）のように使う。

The beautiful beach is often **spoiled** by litter.
（その美しいビーチは、よくゴミで台無しにされる）

第3章
ベーシック形容詞・副詞・名詞

感情や感覚を表したり、時間を組み込んだりするには、形容詞や副詞を上手に使いこなすことが必要です。形容詞を中心に、よく使う副詞、場面を選ばない基本的な名詞を10のグループに分けて紹介します。190語が身につきます。

ベーシック形容詞 1

感情と感覚

【CD 1 Track-22】

感じたことをどう言い表すか。
喜怒哀楽・五感の基本的なコトバを覚えましょう。

Close Up　喜・怒・哀──感情の基本

「嬉しい」「悲しい」など、感情を表現する場合、**I am happy.**（幸せだ）のようにbe動詞や、**I feel happy.**（幸せだ）のようにfeelを使うことができます。またangry（怒る）だと**I get angry.**（怒る）という表現も可能です。

1 ☐ **happy**
[hǽpi]

形 喜んで；楽しくて；幸せで

＊この例文ではhappyの代わりにgladも使える。

My parents are always **happy** to be with their grandchildren.
（私の両親は、いつでも孫たちといることを喜ぶ）

2 ☐ **angry**
[ǽŋgri]

形 怒って；熱くなって

＊「（人）に対して怒っている」という場合、He's **angry** at himself.（彼は自分に腹を立てている）のように、前置詞はatや、例文のようにwithがよく使われる。

Simon is still **angry** with me for forgetting his birthday.（サイモンは、私が誕生日を忘れたのでまだ怒っている）

88

ベーシック形容詞1

3 ☐ **sad** [sǽd]
形 悲しい

*a **sad** story（悲しい話）や a **sad** event（不幸な出来事）という表現も使われる。また次の例文は I was very **sad** that Jane's mother died. や I was very **sad** to <u>hear</u> [learn] Jane's mother's death. のように言うことも可能。

> I was very **sad** about Jane's mother's death.
> （ジェーンのお母さんが亡くなったので、とても悲しかった）

4 ☐ **sorry** [sɔ́ri]
形 残念だ；気の毒で；悪いと思う

*「ごめんなさい」と謝るより、「残念だ」「～がかわいそうだ」という意味で使われることが多い。

> I am **sorry** to hear that.
> （[悪い・悲しい知らせなどを聞いて] それはお気の毒です）

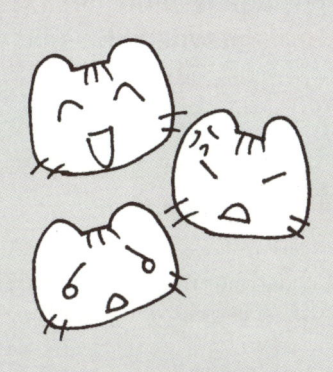

Close Up: -edと-ingの両方で使う形容詞

「**人**が驚く」場合は **I was surprised.**（驚きました）、人の訪問など「物事が驚かせる」場合は **His visit was surprising.**（彼が訪ねてきたのは驚きでした）のようになります。
ここで取り上げた形容詞はどれも、＜人が主語 → -ed＞、＜モノが主語 → -ing＞の形になります。しっかり使い分けましょう。

5 □ surprised [sərpráizd]
形 驚いた；驚いて

* ＜be surprised at ～＞（～に驚いている）の形も覚えておこう。名詞のsurpriseは、What a **surprise**!（[急な電話を受けたり、思いがけず会ったりして] 驚きましたね）、Would you like a **surprise**?（驚くようなものがほしいですか）のように、楽しい驚きに使われることが多い。

> She doesn't usually lend her books to anyone, so I was **surprised** when she said OK.
> （彼女はふつう人に本を貸さないので、いいよと言ってくれたときは驚いた）

6 □ excited [iksáitid]
形 わくわくして

* I was **excited** about the trip.（旅行のことでわくわくしていた）は、モノを主語にすれば、The trip was **exciting**.（その旅行はわくわくするものだった）となる。

> The competition for the title made the audience **excited**.（タイトル争奪戦に、観客はわくわくした）

ベーシック形容詞1

7. interested [íntərəstid]
形 興味を持った

＊He is an **interesting** person.（彼は面白い人物だ）、This book is **interesting**.（この本は面白い）のように使う。

> The teacher was very pleased when students were **interested** in the activity.
> （先生は、生徒たちがその活動に興味を示したので喜んだ）

8. embarrassed [imbǽrəst]
形 恥ずかしい；きまりが悪い；当惑して

＊My son's poor performance **embarrassed** me.（息子の演技が下手だったので、恥ずかしかった）のように、動詞でもよく使われ、主語には人や出来事・物事がくる。My son's poor performance was **embarrassing**.とも言える。特に人前で恥ずかしい思いをするような場合にぴったりの語。

> I was really **embarrassed** when I spilled coffee all over the table.
> （テーブルいっぱいにコーヒーをこぼしてしまったときは、本当に恥ずかしかった）

9. confused [kənfjúːzd]
形 わからなくなって；困って

＊「複雑でわかりにくい話」ならa **confusing** storyと表現できる。

> I'm sorry but I'm **confused**. Could you please explain it again?
> （すみませんが、わからなくなりました。もう一度説明していただけますか）

10 □ proud [práud]
形 誇りを持っている；光栄に思う

* I am very **proud** of you.は、文字通り「君を誇りに思う」という意味で、日本語だと少し重々しくなるが、英語では親が子供をほめたりする場合に用いられ、「えらい！」「よくやった！」という意味合いになる。名詞形はpride（誇り）。

> Good for you, Landon! I'm very **proud** of you!
> (よくやったね、ランドン！ すばらしいぞ！)

11 □ ashamed [əʃéimd]
形 恥じて（いる）；恥ずかしい

* I am **ashamed** of myself.（お恥ずかしい）や、be **ashamed** of lying（うそをついたことを恥じている）のように、be ashamed ofの形を使えるようにしよう。be **ashamed** to ask help（助けを求めるのが恥ずかしい［恥ずかしくて嫌だ］）のように不定詞も続けられる。

> Karen was **ashamed** of herself for lying to her friends. (カレンは友達にうそをついたことで、自分を恥じていた)

12 □ worried [wə́:rid]
形 心配して；心配で

* be **worried** about ～（～を［について］心配している）、start getting **worried**（心配になってくる）、a **worried** look（心配そうな表情［顔］）などの表現も覚えておこう。

> I'm not **worried** about your lack of experience.
> (あなたの経験不足については心配しておりません)

ベーシック形容詞1

13 ☐ **confident** [kάnfədənt]
形 確信して；自信がある；信じて

＊<**confident** about [of] ～>（～に［する］自信がある）の形も大切。

> Michael is very **confident** that in time everything will come out right.
> (マイケルは、そのうちすべてうまくいくと確信している)

14 ☐ **brave** [bréiv]
形 勇敢な 動 勇敢に立ち向かう

＊<the + 形容詞>の形the **brave**にすると「勇敢な人」の意になる。

15 ☐ **stupid** [stjú:pid]
形 ばかな；くだらない

＊類義語にはfoolish、silly、反意語にはwise、sensitiveがある。

> I don't know if he was being **brave** or **stupid**.
> (彼が勇敢だったのかばかげていたのか、私にはわからない)

16 ☐ **jealous** [dʒéləs]
形 うらやんで；嫉妬して

＊<be **jealous** of ～>の形で「～に嫉妬する（怒りや苦痛を感じる）」という表現になる。

> Nigel is **jealous** of his brother's success.
> (ナイジェルは兄の成功をうらやんでいる)

17 frightened
[fráitnd]
形 おびえて；怖がって

*be **frightened** to deathは「死ぬほど怖い」というイディオム。I was **frightened** to death when I saw a stranger in the house.（家の中で知らない人を見たとき、死ぬほど怖かった）

The children were **frightened** by the ghost story.
（子供たちはそのオバケの話におびえた）

18 tired
[táiərd]
形 疲れて

*tiredは人が主語になる。I am [feel] **tired**.（私は疲れた）。一方、tiring（疲れさせる）はモノを主語にして使う。The task is **tiring**.（この仕事は疲れる）。

After spending all day driving around you feel really **tired**, don't you?
（一日中運転をして、本当に疲れたでしょう？）

19 satisfied
[sǽtisfàid]
形 満足した ⇔ dissatisfied（不満な）

*「～に満足している」はbe **satisfied** with [by / about / at / to do]と、内容をいろいろな形で導ける。動詞はsatisfy（満足させる）。

We conduct a survey on a regular basis to learn if customers are **satisfied** with our services.
（顧客がわれわれのサービスに満足しているかどうかを知るために、定期的に調査を行っています）

ベーシック形容詞1

20 ☐ **hungry**
[hʌ́ŋgri]

形 空腹で

＊さらに空腹度が強い場合、I'm **starving**.（お腹がぺこぺこだ）とも表現できる。ちなみに「喉が渇いて」はthirstyという。

| We had breakfast very early, so you must be **hungry** now.（朝食が早かったので、お腹がすいているでしょう）

ベーシック形容詞 2 — 人を形容する 【CD 1 Track-23】

「頭のいい」人、「正直な」人、「内気な」人。
人の特性を表す基本的な言葉がテーマです。

---

21 ☐ **kind** [káind] 　 形 親切な
⇔ cruel（厳しい）, unkind（不親切な）

＊前置詞ofとtoを使った用法もよく使う。It is very **kind** of you to invite me to your house.（お招きいただきありがとう）。He was **kind** to me.（彼は私に親切にしてくれた）

> He was **kind** enough to give me a lift to the station.（彼は親切にも、私を駅まで車で送ってくれた）

---

22 ☐ **honest** [ánist] 　 形 正直な；率直な

＊be **honest** about ～（～について正直に言う・なる）という用法もよく使う。名詞形はhonesty（正直）。

> To be quite **honest**, I don't think they are a good match.（正直なところ、彼らはお似合いだとは思わない）

---

23 ☐ **lazy** [léizi] 　 形 怠惰な；けだるい

＊「けだるい」という意味では、a **lazy** afternoon（けだるい午後）のように使う。

> It's not fair to label him as **lazy** because he's currently unemployed.
> （今仕事がないからといって、彼に怠け者のレッテルを貼るのは不公平だ）

ベーシック形容詞2

Close Up: intelligent / clever / smart

intelligentは、She's very intelligent. = She is a very intelligent person.（彼女はとても聡明だ）のように使えます。It's an intelligent decision.（それは賢明な決定だ）のように、人間以外のものにも使えます。cleverは頭がいいというより、「ずる賢い」というイメージがある語。smartはintelligentと同じように「頭がいい」とほめる場合に使えます。日本語の「スタイルがいい」という意味は、smartにはないので注意。

24 intelligent
[intéləd͡ʒənt]

形 知能の高い；聡明な

An **intelligent** person wouldn't say such a thing.
（賢い人なら、そんなことは言わないでしょう）

25 clever
[klévər]

形 器用な；賢い；ずるい

What a **clever** joke!
（なんて面白いジョークなんだ！）

26 smart
[smáːrt]

形 頭がいい

You are **smart** enough to go to law school.
（君は法学部へ行けるだけの頭脳がある）

27 funny
[fʌ́ni]

形 面白い；奇妙な；ユーモアがある

＊笑わせるような楽しさ・面白さを持つ人やモノをほめる場合に使える。ただし、**funny** businessには「不正な（不道徳な）行為」という意味があるので注意。

> Ralph's girlfriend is not only beautiful but also intelligent and **funny**.
> （ラルフの恋人はきれいなだけでなく、頭もよくユーモアもある）

28 fat
[fǽt]

形 太った；厚い

＊get **fat**なら「太る」。**fat** chance（望み薄；見込みゼロ）という逆説的な言い方もある。名詞として使えば「脂肪」の意。amount of **fat**（脂肪量）。

> Don't you think I look **fat** in this dress?
> （この服だと太って見えない？）

29 disabled
[diséibld]

形 （身体に）障害のある

＊the **disabled**で「障害者」の意。なお、最近では差別的なニュアンスを避けるため、(physically) challengedという言い方が好んで用いられる。

> This ship is designed to accommodate only **disabled** passengers.
> （この船は、障害者専用に作られている）

ベーシック形容詞2

30 ☐ **generous** [dʒénərəs]
形 気前がいい

＊〈generous to + 人〉（人に対して気前がいい）、〈generous with + モノ・金〉（モノ・金を惜しまない）という形も覚えておこう。

> It's **generous** of Mr. Reed to donate such a huge amount of money.
> （そのような大金を寄付してくれて、リードさんは気前がいい）

31 ☐ **nervous** [nə́ːrvəs]
形 緊張して；あがって；神経質な

＊be **nervous** about ～（～について神経質になる；～が気になる）の形もよく使う。

> It's natural for you to get **nervous** before an interview. （面接の前にあがるのは、あたりまえです）

32 ☐ **shy** [ʃái]
形 内気の；～するのをためらう；不足して

＊camera-**shy**なら「カメラ嫌いの」。Once bitten, twice **shy**.（一度かまれたら、用心深くなる→一度失恋したら、二度目以降は臆病になる）という言い回しもある。なお、否定形にしてbe not **shy** about doing ～とすれば「喜んで～する」の意。

> Contrary to the image she has, Audrey was painfully **shy**.
> （イメージとは裏腹に、オードリーはとても内気だった）

33 independent
[ìndipéndənt]

形 自立した；無所属の
⇔ dependent（依存して）

＊**independent** of ~（~から独立して）は前置詞ofだが、**dependent** on ~（~に頼って）はonを使うので注意。名詞形はindependence（自立）。

Teenagers should have some freedoms so they can start feeling **independent**.
（10代の若者は、ある程度自由であるべきだ。そうすれば自立心を持てるようになる）

34 poor
[púər]

形 貧しい ⇔ rich（金持ちの）；下手な

＊the **poor**で「貧困者」の意。

My grandfather was very **poor** when he came to Chicago.（祖父はシカゴへ出てきたときは、とても貧しかった）

35 healthy
[hélθi]

形 健康的な；順調である
⇔ unhealthy（不健康な）

＊**healthy** baby（健康な赤ちゃん）、**healthy** diet（健康的な食事）のように「健康であること・健康にしてくれるもの」に使うほか、**healthy** company（順調な会社）、**healthy** marriage（幸せな結婚）のように「順調である」という意味でも使える。

Television violence can prevent **healthy** growth of young children.
（テレビの暴力は、子供の健全な成長を阻む可能性がある）

ベーシック形容詞2

36 ☐ sophisticated
[səfístəkèitid]

形 教養がある；洗練された；高度な

＊人に使う場合、「頭がいい；教養がある；社会や文化についてよくわかっている」という意味合いがある。また **sophisticated** machineのように機械などに対して「高性能の」という意味でも使える。

> Everyone says Chris is a **sophisticated**, witty person.（だれもがクリスは教養があり愉快な人だと言う）

37 ☐ guilty
[gílti]

形 有罪の；やましい

＊feel **guilty** about ~（~についてやましく思う）という形も覚えておこう。

> If he is found **guilty**, who would be the next chair?
> （彼が有罪となったら、だれが次の会長になるのだろう？）

ベーシック形容詞 3

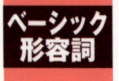

モノを形容する 【CD 1 Track-24】

「高い」ダイヤモンド、「少ない」予算、「役立つ」情報。モノの特性を表現する言葉はさまざまです。

Close Up： expensiveとcheap

expensiveは「値段が高くつく」という意味。他には**high-priced**や**costly**などでも表現できます。
逆に「値段が安い」は**cheap**か**inexpensive**を使いますが、**cheap**には「安いから質も悪い」という意味合いがこもるのに対して、**inexpensive**（安い）にはそのような意味合いはなく、むしろ「値段のわりには質がいい」という気持ちがこめられる場合もあります。

38 ☐ expensive [ikspénsiv]　形（値段が）高い

39 ☐ cheap [tʃíːp]　形 安い；安っぽい；意地の悪い

＊**cheap** labor（低賃金労働者）、**cheap** remarks / a **cheap** shot（卑劣な言葉）のように使える。dirt **cheap**と言えば「とても安い」の意。

I can't tell **expensive** diamonds from **cheap** ones.（私は高いダイヤも安いダイヤも区別できない）

ベーシック形容詞3

40 ☐ **big** [bíg]
形 大きい；重要な；人気のある；有名な ⇔ small（小さい；取るに足りない）

＊通常数えられる名詞とともに用いる。a **big** city、a **big** company など。（×）**big** traffic、**big** space とは言わない。

How can such a small company compete with **big** national chains?
（こんな小さな会社が、どうやって大手の全国チェーン店と競争できるのでしょうか）

41 ☐ **tidy** [táidi]
形 整然とした；きちんと片づいた

＊反意語は untidy（散らかった）。

Try to keep this room **tidy**. It's always such a mess.
（この部屋を整理整頓するようにしなさい。いつも散らかっているのだから）

42 ☐ **dirty** [də́ːrti]
形 汚い；下品な；卑劣な

＊**dirty** jokes は「卑猥な冗談」、**dirty** play なら「反則」。

How did your shirt get so **dirty**? Take it off!
（どうしてそんなにシャツが汚れているの？ 脱ぎなさい！）

43 dry [drái]

形 乾燥した ⇔ wet（濡れた）

＊**dry** skin（乾燥肌）、**dry** wine（辛口のワイン）、**dry** wit [humor]（にこりともせずに言うユーモア）、**dry** answer（そっけない返事）、**dry** run（予行演習）など、いろいろな使い方ができる。

> I want to live somewhere warm and **dry**.
> （私はどこか暖かくて、雨があまり降らないところに住みたい）

44 heavy [hévi]

形 重い ⇔ light（軽い）

＊量が多い場合にも用いる。**heavy** traffic（交通量が多い）、**heavy** snow（大雪）、**heavy** losses（巨額の損失）。

> You should avoid **heavy** meals late in the evening.
> （夜遅くにこってりした食事は避けたほうがいい）

45 thick [θík]

形 厚い；密な；覆われた；濃い ⇔ thin（薄い；細い）

＊a **thick** layer of ice（厚い氷の層）、**thick** sauce（濃いソース）、a **thick** forest（密森）、a **thick** Russian accent（強いロシア訛り）などと使う。

> The ice on the lake was **thick** enough to skate on.
> （湖の氷はスケートができるだけの厚さがあった）

46 tight [táit]

形 きつい；ぴんと張った；厳しい；不足している

＊a **tight** jacket（ぴったりとしたジャケット）、**tight** labor market（労働者不足）のように使う。

> Our firm will have to make do on a **tight** budget.
> （わが社は、少ない予算でやっていかなくてはならない）

ベーシック形容詞3

47 □ dark [dáːrk]
形 暗い；濃い；陰気な；邪悪な

＊go dark で「(部屋などが) 暗くなる」、get [be] dark なら「夜になる」。dark brown (こげ茶)、dark skin (浅黒い肌)、think dark thoughts (悲観的なことを考える) などとも使える。名詞形はdarkness (暗さ；闇)。

48 □ quiet [kwáiət]
形 静かな；控えめな；地味な

＊quiet street (静かな通り)、a quiet color (地味な色) のように使う。keep ~ quiet なら「~を秘密にしておく」の意。

> The building was so **dark** and **quiet** it gave me the creeps. (その建物はとても暗くて静かだったので、私はぞっとした)

49 □ loud [láud]
形 (音・声が) 大きい；けばけばしい

＊音以外にも使える。a loud pink jacket (けばけばしいピンクのジャケット)

> The TV is too **loud** — could you turn it down?
> (テレビがうるさすぎます。音量を下げてくれますか)

50 □ hard [háːrd]
形 硬い；難しい；勤勉な

＊hard worker (働き者)、hard work (骨の折れる仕事)、hard fact / evidence (確かな事実／証拠) などと使う。同形の副詞もあり、study hard (一生懸命勉強する) のように使う。なお、副詞のhardlyは「ほとんど~ない」という意味。

> A **hard** mattress would be better for your back.
> (硬いマットレスのほうが背中にはいいかもしれないですよ)

51 convenient
[kənvíːnjənt]

形 便利な；都合のよい
⇔ inconvenient（不便な）

＊**convenient**を使う文で「〜にとって（都合がいい）」を入れる場合は、前置詞はforまたはtoを使う。なお、人を主語にして（×）if you are convenient ...（もしご都合がよければ）とは言えないことにも注意。

Is Monday **convenient** for you?
（月曜日はご都合いかがですか）

52 comfortable
[kʌ́mfərtʌbl]

形 快適な；心地よい
⇔ uncomfortable（不快な）

＊make yourself **comfortable**で「くつろぐ」という言い回し。

Since I've walked a lot, I just want a **comfortable** place to sit down.
（たくさん歩いたので、快適な座れる場所がほしい）

53 important
[impɔ́ːrtənt]

形 重要で（な）

＊Money isn't **important** to me.（私にとってお金は重要ではない）、This system is **important** for the employees.（このシステムは従業員にとって重要だ）のように、「〜にとって（重要だ）」はtoやforで導く。It's **important** for you to improve your diet.（あなたにとって、食事を改善することは重要です）のような使い方もある。

54 full
[fúl]

形 いっぱいで（の）；最大限の
⇔ empty（空の）

＊This box is **full** of toys.（この箱はおもちゃでいっぱいだ）やI'm **full**.（満腹です）のように使う。また、He's **full** of himself. と言えば、「彼は彼自身のことでいっぱいだ→彼は自分のことばかり（考えたり話したり）だ」という意味。

ベーシック形容詞3

> It is **important** to see the glass of water half **full**, not half empty.
> (コップの水がまだ半分もあると思うことが大切だ。半分空だと思うのではなく)

55 □ **useful** [júːsfəl]
形 役立つ

*This information is **useful** to me.(この情報は私にとって役立つ)という形も大切。「〜に役立つ」には、to以外にforも使われる。This book is **useful** for fishing [dieters].(この本は魚釣り[ダイエット中の人]に役立つ)。また、come in **useful**(役に立つようになる)のような言い方もある。

56 □ **available** [əvéiləbl]
形 入手できる；利用できる
⇔ unavailable(入手できない)

*名詞形はavailability(利用できること)。

> There is a surprising amount of **useful** information **available** on the Internet.
> (インターネット上には、役立つ情報が驚くほどたくさんある)

57 □ **free** [fríː]
形 自由な；無料の

*for **free**(無料で)、feel **free** to do 〜(遠慮なく〜する)は頻出表現なので覚えておこう。**free** from 〜は「〜がない」の意の重要イディオム。**free** from artificial additives(人工の添加物を含まない)

> The seminar is **free** and open to everyone.
> (このセミナーは無料で、だれでも受けられます)

58. similar [símələr]
形 似ている

＊A is **similar** to B (AはBに似ている) の形を覚えよう。動詞のresembleと混同しないよう気をつけたい。He **resembles** his father. (彼は父親に似ている)。なお、人が人に似ている場合、similarは使えない。

> Your background is very **similar** to mine.
> (あなたの生い立ちは、私の生い立ちとよく似ている)

59. different [dífərənt]
形 違った；別の

＊**different** from ～ (～とは違った) という形で覚えておこう。名詞形はdifference (相違)。

> My opinion is quite **different** from yours.
> (私の意見は、あなたのものとかなり違います)

60. necessary [nésəsèri]
形 必要な

＊**necessary** for [to] ～のように前置詞forまたはtoを続けて「～に必要な」と言える。

> More exercise is **necessary** to improve your health. (健康になるために、もっと運動が必要ですよ)

61. dangerous [déindʒərəs]
形 危険な ⇔ safe (安全な)

＊Smoking is **dangerous** to [for] you.のように、toやforの後に人を続ける場合が多い。またIt's **dangerous** for you to go there. (そこへ行くのは、あなたにとって危険だ) という使い方もする。

> This chemical is **dangerous** to animals.
> (この化学薬品は、動物にとって危険だ)

ベーシック形容詞 4 — 概念を表す

【CD 1 Track-25】

「正しい×間違った」、「難しい×簡単な」。
反意語があるものは対で覚えておきましょう。

Close Up   rightとwrong

日常会話では、あいづちをうつ場合に、Right.やThat's right.と言うことで、「そうですね」という感じが出せます。wrongは「行動や考え方が間違っている」と言う場合や、I think you have the wrong number.（番号間違いですよ）のように使えます。

---

62 ☐ **right** [ráit]　　形 正しい；まっすぐの

＊**right** angleは「直角」の意。名詞のrightには「右」や「権利」という意味がある。

---

63 ☐ **wrong** [rɔ́ːŋ]　　形 間違った

＊**wrong**-headedで「頑固な」の意。**wrong**doingと言えば「悪事；犯罪」。

> I'm not saying it is right or wrong. I just don't like it when people wear hats indoors.
> (それが、正しいか間違っているかを言っているのではないのです。とにかく、室内で帽子を被られるのは嫌なのです)

64 busy [bízi]
形 忙しい；騒がしい

＊I'm **busy** doing my work.（仕事で忙しい）、The line is **busy**.（[電話で] 話し中です）などはフレーズで覚えておけばそのまま使える。

I don't want to live in a **busy** city.
（私は、騒々しい都会に住みたくない）

65 special [spéʃəl]
形 特別の；特殊の

＊on **special** occasions（特別な場合に）、a **special** offer（特別価格）のように使う。Nothing **special**.は「特に何もない」の意の常用フレーズ。

These kids are very **special** to me.
（この子供たちは私にとって特別なのです）

66 true [trúː]
形 真実の；本物の
⇔ false（間違った；虚偽の）

＊That's **true**.（本当にそうですね）は、相手の意見に同意する場合に用いる。Her dreams **came true**.（彼女の夢が実現した）のcome true（実現する）は常用イディオム。

After listening to the recording, answer **true** or false for the following questions.
（録音を聞いた後、次の質問に正しいか正しくないかで答えなさい）

67 fair [féər]
形 公平な；適正な ⇔ unfair（不公平な）

＊名詞形はfairness（公平さ）

Jurors must give the accused a **fair** trial.
（陪審員は、被告人に公平な審理を行わなくてはならない）

ベーシック形容詞4

68 □ real
[ríːəl]
形 本当の；真の；現実の

＊**real** pearlsなら「本真珠」、**real** idiotで「まったくの愚か者」の意。**real** estate（不動産）は頻出の生活語なので覚えておこう。

This movie is based on a **real** story.
（この映画は本当にあった話に基づいている）

69 □ typical
[típikəl]
形 ～によくある；典型的な；特有の

＊It's **typical** of you.（それは君らしい）とも言える。

It's **typical** of politicians to avoid answering clearly.
（はっきり答えることを避けるのは、政治家にはよくあることだ）

70 □ perfect
[pə́ːrfikt]
形 完全な；完璧な；最適の

＊a **perfect** crimeなら「完全犯罪」。Nobody's **perfect**.（完璧な人などいない）も覚えておけば使えるセンテンス。

We found a flat rock that was just **perfect** to sit and rest on. （座って休憩するのにぴったりの平たい岩を見つけた）

71 □ particular
[pərtíkjulər]
形 特定の；特有の

＊be **particular** about ～は「～について好みがうるさい」という意味の常用表現。I'm not **particular** what [how / where] ～（何で［どのようで／どこで］あろうと気にしない）とも言える。

In order to improve your English, pay **particular** attention to accent.
（あなたの英語を上達させるためには、特にアクセントに注意を払いなさい）

72 secret
[síːkrit]

形 秘密の；内緒の

*keep ~ **secret** from ...は「~を…から隠す」の意の言い回し。**secret** weaponなら「隠し球；秘策」の意。

> They kept their relationship **secret** from co-workers until they got married.
> （彼らは結婚するまで、同僚に関係を隠していた）

73 suitable
[súːtəbl]

形 適した；ふさわしい

***suitable** for [to do] ~（~に［~するのに］適した）という形を覚えておこう。

> This movie is not **suitable** for young children.
> （この映画は幼児向きではない）

74 polite
[pəláit]

形 丁寧な；礼儀正しい；高尚な
⇔ impolite, rude（失礼な）

***polite** remark（丁寧な言葉）、**polite** society（上流社会）などと使う。

> Do you think he really likes my paintings or he's just being **polite**?
> （彼は本当に私の絵が好きなのか、それとも単に失礼のないようにしていたのか、どう思いますか）

75 regular
[régjulər]

形 通常の；定期的な；決まった

***regular** customers（常連）、**regular** prices（通常価格）、on a **regular** basis（定期的に）のように使える。

> **Regular** exercise is essential for your health.
> （定期的な運動は健康のために必要です）

ベーシック形容詞4

76 strange [stréindʒ]
形 奇妙な；見知らぬ

＊a **strange** noise（奇妙な音）、a **strange** country（未知の国）のように使う。

> That's **strange**. He said the opposite thing.
> （それは変ですね。彼は逆のことを言っていましたよ）

77 difficult [dífikʌlt]
形 難しい

＊口語ではhardやtoughが同様の意味で使える。また、complicatedやcomplexも同様の意味でproblemを続けるのにぴったり。書き言葉としてもふさわしい。

> I found it **difficult** to talk to my boss frankly.
> （オープンにボスと話すことは、私には難しい）

78 easy [íːzi]
形 簡単な；くつろいだ

＊**easy** smileは「穏やかな笑み」、**easy** moneyは「あぶく銭」。feel **easy**（安心する）という言い方もある。

> Don't start smoking — it's **easy** to get hooked.
> （タバコは吸ってみたりしないことだ。やみつきになるのは簡単だから）

79 simple [símpl]
形 単純な；簡単な；簡素な

＊a **simple** style（飾らない文体）、**simple** tools（簡単で使いやすい道具）などと使える。

> It's not as **simple** as it looks.
> （それは見かけほど簡単ではないのです）

80 ◻ **normal** [nɔ́ːrməl]
形 通常の；いつもどおりの；正常な
⇔ abnormal（異常な）

＊be **normal** for [to do]～（～は［～するのは］普通だ）の用法も覚えておこう。a **normal** temperatureなら「平熱」。

It's always hard to go back to **normal** after a long holiday.（長期休暇の後は、普通の生活に戻るのがいつも大変だ）

81 ◻ **ordinary** [ɔ́ːrdənèri]
形 普通の；面白みのない
⇔ unusual（普通でない）

＊normalとordinaryは、**ordinary** [**normal**] condition（通常）のように入れ替えることも可能だが、**ordinary** people（一般の人）、**normal** people（健康な人）のように異なる場合もあるので注意。

The leader neglected the needs of **ordinary** citizens.（その指導者は一般市民の要求を無視した）

82 ◻ **clear** [klíər]
形 はっきりした；障害物がない

＊Did I make it **clear**?（私はそれをはっきりさせましたか→わかりましたか）、The coast is **clear**.（海岸には障害物がない→今がチャンスだ）、

It wasn't **clear** why he turned down such a good offer.（なぜ彼がそのよいオファーを断ったか、わからなかった）

83 ◻ **pure** [pjúər]
形 純粋な；まじりけのない；正真正銘の

＊**pure**-bred dogs（純血種の犬）、**pure** science（純粋科学）などと使える。

This tie is made out of 100 percent **pure** silk.（このネクタイはシルク100パーセントでできている）

ベーシック形容詞4

84 popular [pápjulər]
形 人気がある；好かれている
⇔ unpopular（人気がない）

＊popular with ~（~に人気がある）という形でよく使われる。

This singer is very **popular** with teenagers.
（この歌手は10代の若者に人気がある）

85 famous [féiməs]
形 有名な

＊「~で有名な」はbe **famous** for ~、「~として有名な」はbe **famous** as ~という形で表す。「悪いことで有名な」はinfamousやnotoriousを使う。

"I have a dream" is a **famous** speech made by Martin Luther King, Jr.
（「私には夢がある」は、マーティン・ルーサー・キング・ジュニア［キング牧師］の有名なスピーチだ）

86 favorite [féivərit]
形 好きな；お気に入りの

＊名詞も同じ形で「お気に入りもの」を表せる。

Going to the movies is my parents' **favorite** Saturday activity.
（映画に行くことが、両親が土曜日にする好きなことだ）

87 terrific [tərífik]
形 ものすごい；すばらしい；大きい

＊ポジティブなニュアンスでよく使われるが、a **terrific** crisis（重大な危機）、**terrific** row（ひどいけんか）などのネガティブな用法もある。

There's a **terrific** pizza parlor that just opened on Dryer Street.
（ドライヤーストリートに、開店したばかりのすばらしいピザ店がある）

ベーシック形容詞 5 — 程度・比較を表す 【CD 1 Track-26】

little / few をはじめ、「同じ」「唯一の」「正確な」など、常用されるものを覚えておきましょう。

---

88 ☐ **same** [séim] — 形 同じ

*I got the **same** grades as my brother did.（兄と同じ点数を取った）のように **same** A as B（Bと同じA）や、I took the **same** course that Nigel did.（ナイジェルと同じコースを受けた）のように the **same** A (that) ～（～と同じA）という形でもよく使われる。at the **same** time（同時に）はこのまま覚えておこう。

> I happened to find out that Angela and I went to the **same** school.
> （アンジェラと私が同じ学校に行っていたことが、たまたまわかった）

---

89 ☐ **only** [óunli] — 形 唯一の　副 ただ～だけ；ほんの～にすぎない；（時の副詞を強調して）～してようやく

*Members **Only** なら「会員専用」の意。**only** recently なら「最近になってやっと」。

> Walking fast is the **only** exercise I get these days.
> （最近している運動といえば、速めに歩くことくらいです）

---

90 ☐ **strong** [strɔ́ːŋ] — 形 強い ⇔ weak（弱い）

*人の体や精神・モノ・風・印象などが「強い」という意味で多様な使い方ができる。Would you like your coffee **strong** or weak?（コーヒーは濃いのと薄いのとではどちらがいいですか）。

> This liquid is a **strong** acid, so please be careful.
> （この液体は強酸なので、注意してください）

ベーシック形容詞5

Close Up : littleとfew

littleとfewの違いは、＜little + 不可算名詞＞であるのに対して、＜few + 可算名詞＞である点。little、fewともにaが付くと「少しある」、aが付かないと「ほとんど～ない」という意味になります。We have a little money.（お金が少しある）、We have little money.（お金がほとんどない）。A few people know the news.（そのニュースを知っている人が少しはいる）。Few people know the news.（そのニュースを知っている人はほとんどいない）。

91 little [lítl]
形 ほとんど～ない；小さい

＊「小さい」という意味ではa little boy（小さな男の子）のように使う。

Poor Gail had little money and little free time.
（かわいそうなゲイルは、お金も自由な時間もほとんどなかった）

92 few [fjúː]
形 ほとんど～ない

＊quite a fewは「かなり多くの」という意味になる。

Few people abide by the regulation.
（その規則を守る人はほとんどいない）

Close Up 比較

「AはBより〜だ」という比較級の文を作りたい場合に使われる **more** は、もとは **many** と **much** から変化したもので、「より大きい（多くの）；もっと」という意味を持っています。逆に「より小さい（少ない）」と言いたい場合は **less** を使います。

93 more [mɔ́ːr]
形 より大きい（多くの）；もっと

＊manyとmuchの比較級で、I have **more** books than he.（私は彼より多くの本を持っている）やWe had **more** rain this year than last year.（去年より今年のほうが雨が多かった）のように使える。

> More and more people are using the Internet.
> （インターネットを使う人がますます増えている）

94 most [móust]
形 最も大きい（多い）；大多数の
副 形容詞・副詞を修飾して最上級を作る

＊make the **most** of 〜で「〜を最大限に生かす」というイディオム。副詞のalmost（ほとんど；ほぼ）と混同しないように注意したい。**Most**（×Almost）of the students passed the test.（ほとんどの学生はそのテストに合格した）。most = almost allと考えよう。

> This is the most wonderful meal I've ever had.
> （これは私が今まで食べた中で最高の食事です）

ベーシック形容詞5

95 □ less [lés]
形 より少ない（小さい）

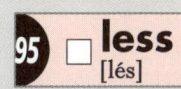

＊littleの比較級なので、基本的には **less** rain（少ない雨）や **less** meat（少ない肉）などのように不可算名詞とともに使う。

> This shop sells everything for less than one hundred yen.
> （この店ではすべてのものが100円以下で売られている）

96 □ least [líːst]
形 もっとも少ない（小さい）

＊It will take **at least** 500,000 yen to repair the wall.（その壁を修理するには、少なくとも50万円はかかるだろう）のように、**at least**は頻出イディオムである。

> We would like to buy the car that costs the least.
> （私たちは一番安い車を買いたい）

97 □ strict [stríkt]
形 厳しい

＊類義語はsevere、stringent、exactなど。in the **strict** sense of the wordで「厳密に言えば」の意。

> You need strict rules about the use of dangerous chemicals.
> （危険な化学物質の使用については、厳しい規則が必要だ）

98 sure
[ʃúər]

形 自信がある

*名詞を続ける場合にはbe **sure** of [about] 〜 の形をとる。She's **sure** of [about] her success. (彼女は自分の成功に自信がある)。certainも sureと同様の形で使える。

> Catherine is **sure** that she passed yesterday's history test.
> (キャサリンは、昨日の歴史のテストには合格したという自信がある)

99 serious
[síəriəs]

形 生真面目な；本気の；重大な

*be **serious** about 〜で「〜に本気の」の意。**serious** mistakes (重大なミス)、**serious** illness (重病) などもよく使う。

> Juvenile delinquency is becoming a **serious** problem in Japan.
> (青少年の非行は、日本でますます深刻になっている問題だ)

100 sharp
[ʃáːrp]

形 鋭い；急激な；鮮明な；辛らつな

***sharp** turn (急旋回)、**sharp** criticism (辛らつな批判) のように使う。a **sharp** rise in 〜 (〜の急激な上昇) という言い回しも覚えておこう。

> We saw a **sharp** decline in stock prices after the accident. (その事故の後、株価が急落した)

ベーシック形容詞5

101 □ straight
[stréit]

形 まっすぐな；正直な；薄めていない

*straight line（直線）、straight whiskey（ストレートのウイスキー）などと使う。「正直な」という意味では、He gave me a straight answer.（彼は正直に答えた）のように使う。

> They were walking in a **straight** line.
> （彼らはまっすぐに歩いていた）

102 □ impossible
[impásəbl]

形 不可能な ⇔ possible（可能な）

*impossible demandで「無理難題」。It is impossible (for 人) to do ~.（人が~するのは不可能だ）の形もよく使われる。

103 □ exact
[igzǽkt]

形 正確な；まさにその

*to be exact（正確に言えば）、the exact opposite（正反対）、the exact number（正確な数）なども覚えたい表現。

> Sandra thought it would be **impossible** to find that style of dress in the **exact** pattern she wanted.
> （サンドラは、自分が本当にほしいその型のドレスを見つけるのは無理だと思った）

104 □ ready
[rédi]

形 用意ができて；喜んで~する

*Are you ready to go?（行く準備はできた？）のように、<be ready to ~>の形もよく使われる。

> I have to get **ready** for work.
> （仕事をする準備をしなくては）

ベーシック形容詞 6

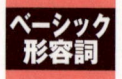

空間を表す

【CD 1 Track-27】

空間の表現は具体的なイメージを頭に描きながら覚えると、しっかり身につきます。

Close Up — **wide**と**narrow**

Wideは幅が「広い」ことを表現する語で、その逆がnarrow（細い；狭い）です。また、a wide range [variety / selection] of 〜（豊富な種類の〜）もよく使われるので覚えておきましょう。

---

105 ☐ **wide** [wáid] 　 形 広い；広範囲にわたる

＊This table is four feet long and two feet **wide**. （このテーブルは長さ4フィートで幅は2フィートだ）と「幅」を表せる。

The **wide** river runs parallel to the road.
（広い川が、道路に沿って流れている）

---

106 ☐ **narrow** [nǽrou] 　 形 細い；狭い

＊動詞で「（目などを）細める」の意味もある。

Alison guided us to the church through the **narrow** streets.
（アリソンは細い通りを抜けて、私たちを教会へ連れて行ってくれた）

ベーシック形容詞6

Close Up: nearとfar

nearは「距離や時間が近い」という意味で、Your house is near here.（君の家はここから近い）、Christmas draws near.（クリスマスが近づいている）というように使います。その反対はfarで、「距離が遠い」こと、「程度が離れている」ことを表現します。How far is it to the station from here?（ここから駅まではどれくらいの距離ですか）。

107 near [níər]
形 近い　副 近くに；ほとんど
前 近くに

＊**near** impossible（ほとんど不可能）という「程度」を表す用法もある。

Where is the **nearest** hotel around here?
（このあたりで一番近いホテルはどこでしょうか）

108 far [fáːr]
形 遠い

＊**far cry from** ～（～と大いに異なる；～からほど遠い）というイディオムもある。This case is a **far cry from** the previous one.（この事例は以前のものとはまったく違う）。

If it's not **far**, we can go on foot.
（そんなに遠くなければ、歩いて行けますね）

109 short [ʃɔ́ːrt]
形 短い

＊動詞はshorten（短くする・なる）。

110 long [lɔ́ːŋ]
形 長い

＊名詞形はlength（長さ）。またlongを動詞として使うと「とてもほしいと思う；切望する」という意味になる。

> Jason tried to make a **short** speech, but instead he talked for a **long** time.
> (ジェイソンは短いスピーチをしようとしたが、そうしないで長話をした)

111 high [hái]
形 高い

＊**high** price（高値）、**high** speed（高速）、**high** blood pressure（高血圧）、**high** season（最盛期）のように使う。

> The first pitch by the relief pitcher was **high** and wide. (リリーフピッチャーの最初の投球は高くはずれていた)

112 deep [díːp]
形 深い；痛切な；洞察力のある
⇔ shallow（浅い）

＊take a **deep** breath（深呼吸をする）、**deep** hatred（痛烈な憎しみ）、**deep** thought（深い考え）などと使う。名詞形はdepth（深さ）。

> The kids were very excited but finally they fell into a **deep** sleep.
> (子供たちはとてもはしゃいでいたが、やっとぐっすり眠った)

ベーシック形容詞6

113 open [óupən]
形 開いている；開いた；予定がない

＊窓やドア、目などが開いている状態から、He's quite **open**.（彼は隠しごとをしない→公明正大だ）、This hall is **open** to everybody.（このホールはだれにでも開いている→だれでも使える）など、広い意味で使える。

> Please don't leave the door **open**.
> （ドアを開けっ放しにしないでください）

114 middle [mídl]
形 (2点間の) 真ん中の；中間の；中期の

＊**Middle** Agesなら「中世」、in one's **middle** thirtiesで「30代半ばに」。

> A strange metal object was displayed in the **middle** of the entrance hall.
> （変わった金属のオブジェが、玄関口の中央に飾られていた）

115 opposite [ápəzit]
形 反対（側）の；向かい側の

＊**opposite** to ~（~に反して）、in the **opposite** direction（反対方向に）などもよく使われる表現。

> My sister and her husband live on the **opposite** side of town.
> （私の姉とその夫は、町の反対側に住んでいる）

ベーシック副詞 1

時間を表す副詞 【CD 1 Track-28】

時間表現は会話で多用されます。すぐに使えるようにニュアンスをしっかり押さえましょう。

Close Up 「すぐに」のいろいろ

「すぐに」とひと言で言っても、時間的にすぐなのか、スピードが速いのかに注意して使いましょう。**immediately**、**soon**が時間的で、**immediately**のほうが**soon**より「即座に；ただちに」という感じが強くなります。**quickly**は「スピード感」が出る語で、**suddenly**は「予期せぬことが急に」という感じです。

---

116 ☐ **immediately**
[imíːdiətli]

副 ただちに；すぐ近くに；直接に

＊時間的にも空間的にも使える表現。not **immediately** available（今すぐには入手できない）、**immediately** under the desk（机のすぐ下に）、**immediately** involved（直接まき込まれた）などと使える。

As she got out of the car, the actress was **immediately** surrounded by reporters.
（車を降りると、その女優はすぐにリポーターに取り囲まれた）

ベーシック副詞1

117 □ soon [súːn]
副 すぐ；間もなく

＊as **soon** as possible [I can]（できるだけ早く）、How **soon** can you finish the job?（どれくらいでその仕事を終えることができますか）などもよく使われる。

I think they'll come home **soon**.
（彼らはすぐに戻ってくると思います）

118 □ quickly [kwíkli]
副 速く；手短に

＊同じ意味を持つ単語には、fast、swiftly、rapidlyなどがある。

Let's eat something **quickly** before we go back to work.（仕事に戻る前に、何か手早く食べましょう）

119 □ suddenly [sʌ́dnli]
副 突然に；不意に

＊all of a sudden、out of the blue、abruptlyなども「突然（に）」という意味でよく使う。

The children screamed when the room went dark **suddenly**.
（部屋が急に暗くなったとき、子供たちは叫んだ）

120 now [náu]
副 今（では）；目下（のところ）；さあ

＊「今（現在・こんにち）」「これから」「さて」などの意味がある。Bye for now.（今はさようなら→またね）。

I'm busy right **now**, so can I call you back?
（今は忙しいので、後でかけ直してもいいですか）

121 fast [fǽst]
副 速く；短時間で

＊quicklyが同義語。同じ形で形容詞 **fast** sleep（熟睡）、名詞「断食」としても使う。

Not so **fast**.
（そんなに急がずに）

122 first [fə́ːrst]
副 最初に；第一に　形 最初の；第一の

＊at **first** sight [glance]（ひと目で）、for the **first** time（初めて）、in the **first** place / **first** of all（まず第一に）などはfirstを使った頻出表現。

First, I'd like to talk about my pets.
（最初に、私のペットについてお話したいと思います）

123 late [léit]
副 遅く；遅れて
形 遅い；遅れた；最近の；亡くなった

＊形容詞の「〜に遅れて」の意味では、be **late** for the meeting（会議に遅れる）の形でよく使う。the **late** president（故社長）のように「亡くなった」という意味もある。

I'm used to sitting up **late** at night.
（夜遅く起きているのには、慣れています）

ベーシック副詞1

124 early [ə́ːrli]
副 早く；早期に　**形** 早い；初期の

＊a woman in her **early** twenties なら「20代前半の女性」。The **early** bird gets [catches] the worm.（早起きは三文の徳）はことわざ。

> I used to get up **early** on Sundays to go and play golf.（日曜日にはゴルフをするために早起きしたものです）

125 already [ɔːlrédi]
副 すでに；もう

＊Is it **already** ten o'clock?（もう10時なのですか）のように、「もう」という意味では疑問文でよく用いられる。

> I have **already** done my homework.
> （宿題をすでにすませました）

126 yet [jét]
副 まだ；今のところ

＊Have you finished?（終わりましたか）などの質問に対して、Not **yet**.（まだです）はよく使われる応答表現。**yet** more（さらに多くの；もっと）も常用される。

> I haven't set a date for the meeting **yet**.
> （まだ会議の日を決めていません）

127 just [dʒʌ́st]
副 ちょうど；まさに；ただ〜だけ

＊**just** like 〜で「まさしく〜のようだ」の意。That is **just** what I wanted.（それはまさしく私がほしかったものです）。形容詞のjustには「公正な；正しい」という意味がある。

> I have **just** talked with Karen on the phone.
> （ちょうどカレンと電話で話したところだ）

128 still
[stíl]

副 まだ；それでも

*「それでも」の意では、My car is old. **Still** it's nice to have a car.（私の車は古い。それでも車があるのはいいものだ）のように使える。形容詞のstillには「静かな」という意味がある。

> Do you **still** keep in touch with Anne?
> （アンとは今も連絡を取り合っていますか）

さまざまな頻出副詞 【CD 1 Track-29】

ベーシック副詞 2

「頻度の副詞」をはじめ、基本的な副詞を集めました。会話で使えることがポイントです。

Close Up 頻度の副詞

頻度の多い順に、always（いつも）＞ often（よく）＞ usually（たいてい）＞ sometimes（時々）＞ seldom（めったに〜ない）＞ never（決して〜ない）となります。

129 ☐ **always** [ɔ́ːlweiz]　副 いつも

＊I'll **always** remember you.（いつもあなたのことを忘れません）のように未来形と一緒に使うことも可能。

| He's **always** happy and friendly.
（彼はいつも楽しそうだしフレンドリーだ）

130 ☐ **usually** [júːʒuəli]　副 たいてい

＊**Usually**, 〜（たいていは〜）のように、文頭でもよく使われる。

| Ms. Morris **usually** comes to the office at nine thirty.（モリスさんは、オフィスにはたいてい9時半に来る）

131 often [ɔ́ːfən]
副 よく；しょっちゅう

＊How often ～? は「頻度」を尋ねる重要表現。How often do you go there?（どれくらいそこへ行きますか）。

> You often make this kind of mistake.
> （君はこの手のミスをよくしますね）

132 sometimes [sʌ́mtàimz]
副 時々

＊sometime（いつか）としっかり使い分けよう。

> I sometimes get up very early in the morning.
> （私は時々、朝とても早く起きる）

133 seldom [séldən]
副 めったに～ない

＊「めったに～ない」という否定の意味になるので、注意。

> We seldom have a chance to eat with our children.（子供たちと食事をする機会はめったにない）

134 never [névər]
副 これまで一度も～ない；決して～ない

＊It never gets this cold in Okinawa. なら「沖縄ではこんなに寒くなることがない」の意。never mind（気にしないで）はよく使う言い回し。

> I promise it will never happen again.
> （そんなことは二度と起こさないと約束します）

ベーシック副詞2

135 **almost** [ɔ́:lmoust]
副 ほぼ（完全に～ではない）；ほとんど

＊mostと混同しないように注意。

I'm **almost** finished this demanding task.
（この厳しい課題はほぼ終わったよ）

136 **ever** [évər]
副 これまでに；ずっと

＊as ～ as ever（相変わらず～）はよく使うイディオム。She's as busy as **ever**.（彼女は相変わらず忙しい）。

Have you **ever** been to Greenland?
（グリーンランドに行ったことがありますか）

137 **too** [tú:]
副 ～すぎる；～も

＊「～も」の意味では、"I like cats and dogs." "Me **too**."（「猫も犬も好き」「私も」）のように使う。

I think it's **too** early in the morning to call Janet.
（ジャネットに電話するには、朝早すぎるよ）

138 **so** [sóu]
副 とても；そのように

＊例文は＜**so** ～ that ...＞（とても～なので…）の形の用法。「そのように」の意味では、"I like coffee." "**So** do I."（「私はコーヒーが好き」「私も」）のように使う。

This book is **so** interesting (that) your kids will love it.
（この本はとても面白いから、あなたのお子さんも気に入りますよ）

Close Up: either と neither

either A or B（AかBか）は、If **either** my parents or my brother calls, tell them I'll call them back.（両親か兄から電話があったら、かけ直すと伝えてください）のように使います。この際、動詞はBに合わせる点に注意。**Either** day is OK.（どちらの日でもかまいません）という使い方もあります。neither A nor Bの形は「AもBも〜ない」という意味です。"I don't like spiders." "**Neither** do I."（「クモはきらいだ」「私も」）という用法もあります。形容詞としては**Neither** side is willing to talk.（両者とも話し合いたくないと思っている）という使い方ができます。

139 either [íːðər]
副 (否定文で) 〜もまた（〜ない）
形 どちらかの；両方の 接 〜か〜か；または

"I don't like this color." "I don't, **either**."
(「この色、きらい」「私も」)

140 neither [níːðər]
副 AもBも〜ない
形 どちらの〜もない

He **neither** drinks nor smokes.
(彼は酒もタバコもやらない)

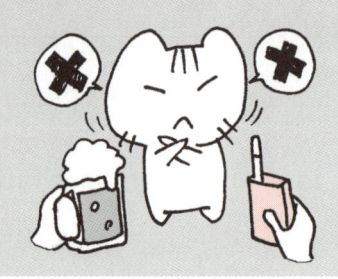

ベーシック副詞2

141 both [bóuθ]
副 AもBも　代 両方

* both A and Bの形で「AもBも」の意。代名詞としては、**Both** of my brothers went to Harvard. (弟たちは2人ともハーバード大学へ行った) のように使う。

> **Both** Amy and Roy enjoy playing tennis.
> (エイミーもロイもテニスを楽しむ)

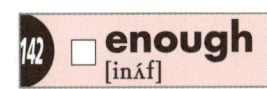

142 enough [inʌ́f]
副 十分に　形 十分な

* 「必要なだけ十分に (ある)」という意味。too manyやtoo much (必要以上に) と使い分けよう。**enough** to do ~ (~するのに十分な) という形で覚えておくと便利。形容詞としては、**enough** food (十分な食料) のようにも使う。

> They were not good **enough** to compete against that team. (彼らは、そのチームと争うほどには強くはなかった)

143 especially [ispéʃəli]
副 特に；とりわけ

* 通常、文頭では用いず、強調したい語の直前 (主語の場合は直後) に置く。He likes vegetables, **especially** tomatoes. (彼は野菜が、特にトマトが好きだ)。**Especially** for you. (特別にあなたのために) は、カードなどで使える表現。

> There aren't enough clean and cheap hotels in this city, **especially** in the summer.
> (この町には、特に夏の間は清潔で安いホテルはあまりない)

144 **instead** [instéd]

副 その代わりとして

*例文のように単独で使うほか、instead of ～（～の代わりに）という形もとてもよく使う。

> If you can't go to the concert, my sister can go **instead**.
> （あなたがコンサートに行けないなら、姉が代わりに行けます）

145 **completely** [kəmplíːtli]

副 完全に；徹底的に

*utterly、totally、absolutelyなどが類義語。形容詞形はcomplete（全部の；完全な）、動詞形もcomplete（完成させる）。

> I **completely** forgot to buy a present for her birthday.（彼女の誕生日プレゼントを買うのを完全に忘れていた）

146 **fortunately** [fɔ́ːrtʃənətli]

副 幸いにも
⇔ unfortunately（不運にも）

*luckilyが類義語。形容詞形はfortunate（幸運な）。

> **Fortunately**, the sinking tanker did not leak any oil into the sea.
> （幸いに、沈没しかけたタンカーから海中への油漏れはなかった）

ベーシック副詞2

147 maybe [méibi]
副 たぶん；おそらく

＊同意のperhapsよりもくだけた表現。YesかNoをはっきり答えたくないときにも便利。"Can you go with me?" "**Maybe**."(「一緒に行ける？」「たぶんね」)

> **Maybe** you don't like this idea, but how about replacing it with a new one?
> (たぶんあなたはこのアイデアが気に入らないかもしれませんね。新しいものと取り替えてはどうでしょう？)

148 probably [prábəbli]
副 たぶん；おそらく

＊同じように「たぶん」「おそらく」を表現する副詞では、maybe、perhapsよりも likely、probablyのほうが「確信度」が高くなる。

> It's **probably** too late to find a drugstore that's still open.
> (まだ開いているドラッグストアを見つけるには、たぶん遅すぎる)

149 alone [əlóun]
副 形 1人で；〜だけで

＊Leave me **alone**.（1人にしてください）はそのまま使える。「〜だけで」の意味では、We are not **alone**.（私たちだけではない）のように使う。

> My parents never let me travel **alone**.
> (私の両親は決して私に1人旅をさせてくれない)

ベーシック名詞 1

よく使う抽象名詞 【CD 1 Track-30】

簡単な抽象名詞を紹介します。
多義語は複数の意味をチェックしておきましょう。

Ⓒ 可算名詞　Ⓤ 不可算名詞

Close Up　多義語の order

「順序」という意味では in alphabetical order（アルファベット順に）、「秩序」という意味では out of order（故障して）や be in order（整然としている）のように使います。「命令」としては obey orders（命令に従う）など。なお、in order to do ～（～するために）は必須の前置詞句です。

150　order
[ɔ́ːrdər]

名 Ⓤ 順序；道理；秩序；注文
　 Ⓒ 命令；注文品

The company apologized for the delay in handling our order.
（その会社は、我々の注文の取り扱いが遅れたことを謝った）

ベーシック名詞1

151 way [wéi]
名 C 方法；道

＊a **way** of ～ing / a **way** to do ～で「～する方法」を表す。

> He came up with an idea for a **way** to slow down aging.（彼はアンチエイジングの方法を思いついた）

152 part [pá:rt]
名 U 部分
C 一部；パーツ；分担；役目

＊play a **part**（役割を演じる）は頻出表現。副詞形のpartly（少しは；いくぶん）や形容詞形のpartial（一部の；部分的な）もよく使う。

> Which **part** of the passage didn't you understand?
> （その文章のどの部分がわからなかったのですか）

153 manner [mǽnər]
名 C 態度；方法；流儀；習慣

＊「マナーがいい」という意味では、She has good **manners**.と複数形で表現するのが普通。

> The teacher tried talking to the student in a calm and reassuring **manner**.
> （教師は生徒に対して落ち着いた頼もしい態度で話そうとした）

154 reason [rí:zn]
名 C 理由　U 道理；理性

＊for no **reason**（特に理由もなく）、for some **reason**（ある理由で；どうしたわけか）はよく使う言い回し。

> I don't think there's a good **reason** to go to war.
> （戦争に行くのに、まともな理由なんてないと思う）

155 example
[igzǽmpl]

名 C 例；見本

*a typical **example** of Japanese architectureで「日本建築の典型的な例」の意。follow one's **example**（人を見習う）という表現もよく使われる。

Could you give me some **examples** of common signs?
（よく見かける標識の例をいくつかあげていただけますか）

156 rest
[rést]

名 C 残り　U 休息

*「残り」の意味では、the **rest** of ~（~の残り）という形でよく使う。at **rest**は「休憩して；静止して」の意の言い回し。

He spent the **rest** of his life with the children.
（彼は残りの人生を子供たちと過ごした）

157 measure
[méʒər]

名 C 対策；手段　U 寸法；測定

*a **measure** of friendship（友情の尺度）、a **measure** of success（成功のものさし）なども覚えたい表現。

The **measure** to cut welfare benefits has been under fire.（生活保護を削減する方策は、非難を浴びている）

ベーシック名詞1

158 pattern [pǽtərn]
名 C 原型；傾向；模様

＊weather **patterns**（天候傾向）、the behavior **patterns** of criminals（犯罪者の行動傾向）、a blue-gray check **pattern**（ブルーグレーの格子模様）などと使える。

> I've been having an irregular sleeping **pattern**.
> （いつもとは違う睡眠のパターンになっている）

159 chance [tʃǽns]
名 C U チャンス；機会；可能性

＊have a **chance** to ~で「~にする機会がある」という言い回し。take **chances**なら「いちかばちかやってみる；賭けに出る」の意。

> I want to take full advantage of this **chance** to learn English.
> （私は英語を学ぶために、この機会を最大限生かしたい）

160 effect [ifékt]
名 C U 効果；影響；結果

＊have an **effect** on ~（~に影響を与える）の形でよく使われる。類語のinfluenceやimpactもhave a (good / bad) influence [impact] on [in] ~の形でよく使われる。

> The project will have a bad **effect** on the environment.（そのプロジェクトは環境に悪影響を与えるだろう）

161 piece
[píːs]

名 C 1つ；部分品；断片；作品

＊数えられない名詞とともに用いて a **piece** of advice / information / gossip（1つの忠告／情報／噂話）のように表現できる。

> Karen bought a **piece** of luggage in her favorite color, purple.
> （カレンは、好きな色である紫のかばんを1つ買った）

162 advantage
[ædvǽntidʒ]

名 C U 有利；利点；長所；好都合
⇔ disadvantage（不利；不都合）

＊have an **advantage** over ～は「～よりも有利である」という表現。

> This new machine has many **advantages** over the old one.（この新しい機械には、古いものより多くの利点がある）

163 nothing
[nʌ́θiŋ]

名 U 存在しないもの **C U** つまらない事・物・人；価値のないもの

＊for **nothing** は「ただで」の意のイディオム。He fixed the car for **nothing**.（彼はただでその車を修理した）。なお、none は「何1つ～ない；だれ1人～ない」の意で、be second to **none**（だれにも劣らない）のように使う。

> If **nothing** is done about this problem it's just going to get worse.
> （この問題について何もしなければ、悪くなるだけです）

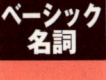

ベーシック名詞 2 モノを表す重要名詞 【CD 1 Track-31】

さまざまなシーンでよく使う基本的な名詞のみに絞って紹介します。

Close Up: machineと類義語

machineは一般的に「エンジンや電気で動く機械」を指します。sewing machine（ミシン）、washing machine（洗濯機）、vending machine（自動販売機）など。類義語も多く、applianceはdishwasher（食器洗機）、stove（調理用コンロ）などの「家庭用の小型器具・道具」を、deviceは「小型の装置で特殊な働きをするもの」で、an automatic shutdown device（自動運転停止装置）などを指します。gadgetは「ちょっとした便利な器具・仕掛け」でpeeler（皮むき機）が代表例です。

---

164 machine [məʃíːn]　名 C 機械

It's unusual for a new machine like this to break down so often.
（こうした新しい機械がこんなに頻繁に故障するのはめずらしいことだ）

165 information [ìnfərméiʃən] 名Ⓤ情報

* furniture（家具）やadvice（忠告）同様に不可算名詞。数えたい場合にはtwo pieces of useful **information**（２つの役立つ情報）のように表現する。**information** on [about] the suspect（その容疑者に関する情報）のように「〜に関する」を続けるときにはonかaboutを使う。

> Where can I get more **information** on the university?
> （その大学についてのさらなる情報をどこで得られますか）

166 knowledge [nálidʒ] 名Ⓤ知識；精通

*「〜の知識」という場合はofやaboutでつなぐ。**knowledge** of [about] geology（地質学の知識）。to the best of our **knowledge**は「われわれの知る限りでは」という言い回し。

> I have little **knowledge** of science.
> （私には科学の知識がほとんどない）

167 education [èdʒukéiʃən] 名Ⓤ教育

* compulsory **education**で「義務教育」の意。基本的には不可算名詞だが、a college **education**（大学教育）のようにaがつく用法もある。（×）educationsとは言わない。

> Tell me about the **education** system in your country.（あなたの国の教育制度について教えてください）

ベーシック名詞2

168 tradition [trədíʃən]
名 C U 伝統；しきたり；言い伝え

＊by tradition で「しきたり[慣習]として」。break with tradition は「伝統[型]を破る」、in the tradition of ～は「～に似て；～を受け継いで」の意。

> Sending out cards is a typical Christmas **tradition**.
> (カードを送るのは、典型的なクリスマスの習慣だ)

169 race [réis]
名 C 人種；競争

＊「競争；競技」の意味では、arms race（軍拡競争）のように使う。

170 religion [rilídʒən]
名 U 信仰　C 宗教

＊形容詞形は religious（信仰心がある）。

171 sex [séks]
名 C U 性；男女の別　U 性行為

＊女性（women / female）か男性（men / male）かという性別を表す言葉には、gender もある。

> This award is given without discrimination based on **race**, **religion**, or **sex**.
> (この賞は、人種、宗教、性別による差別なしに与えられる)

172 future [fjúːtʃər]

名 C 未来；今後；先行き

*in the **future**で「将来に」という常用表現。in the foreseeable **future**なら「近い将来に；当面」の意。「過去」はpastという。

Agatha was a pretty girl with a bright **future** when she came to this town.
(アガサはこの町にやってきたとき、輝かしい未来がある美しい少女だった)

173 detail [díːteil]

名 C U 細部；詳細

*in **detail**は「詳細に」の意の常用表現。down to the last **detail**は「何もかも；完全に」の意。

We keep all the customers' **details** on computer.
(当方では、お客様の詳細はコンピュータに保存しております)

174 equipment [ikwípmənt]

名 U 装備；機器

*不可算名詞で、(×) equipmentsとはできないので注意。

175 result [rizʌ́lt]

名 C U 結果

*the **result** of ~(~の結果)、as a **result** of ~(~の結果として)などはよく使われる表現。

The researchers needed more sophisticated **equipment** to produce accurate **results**.
(研究者たちは、正確な結果を出すために、より高性能の機器が必要だった)

ベーシック名詞2

176 ☐ **position**
[pəzíʃən]
名 C 地位；身分；位置

＊a man of **position**（地位の高い人）、a high [low] **position** in society（社会的に高い［低い］地位）などと言える。

> What's the qualification for the **position**?
> （その仕事に必要な資格は何ですか）

177 ☐ **situation**
[sìtʃuéiʃən]
名 C 状況；事情；立場

＊in my **situation**で「私の立場・状況では」、economic [political / financial] **situation**なら「経済［政治的／金融の］状況」の意。

> I didn't know how serious the **situation** was.
> （私は状況の深刻さをわかっていなかった）

178 ☐ **power**
[páuər]
名 U 勢力；権力；エネルギー；効力
C U （潜在的な）能力 C 強国

＊take [seize] **power**（権力を握る；政権をとる）、return to **power**（返り咲く）などの使い方ができる。「エネルギー」という意味では、solar **power**で「太陽光エネルギー」。

> The president's position was nominal; it was the vice president who held real **power**.
> （社長の地位は名目上のものだった。実権を握っていたのは副社長だった）

179 practice
[prǽktis]

名 U 実行
C U 習慣；練習；(医者・弁護士の) 業務

***Practice** makes perfect.（習うより慣れよ）は有名なことわざ。「業務」の意味では、The pediatrician has held a **practice** for fifteen years.（その小児科医は15年間開業している）のように使う。

> Our team had two **practices** a day during the summer holiday.
> （私たちのチームは夏休みの間、1日に2回練習をした）

180 experience
[ikspíəriəns]

名 C U 経験

***Experience** tells.（経験がモノを言う）、lack of **experience**（経験不足）のように、経験から得た知識や技術の場合は不可算名詞で使う。1回1回の体験・経験は、an interesting **experience**（面白い経験）のように可算名詞で使う。

> It was a hard **experience** for me.
> （それは私にとってつらい経験だった）

181 instruction
[instrʌ́kʃən]

名 指示；使用説明書

*「使用説明書」という意味では、通常複数で用いる。follow **instructions** で「指示に従う」の意。

> Read the **instructions** carefully before using the copy machine.
> （コピー機を使用する前に説明書をよくお読みください）

ベーシック名詞2

182 rule
[rúːl]

名 ⓒ ルール；規則　ⓤ 支配

＊follow the **rules**（ルールに従う）、break the **rules**（ルールを破る）なども覚えたい表現。regulationやlawなどが類義語。

> Let me explain the **rules** of the game.
> （ゲームのルールについて説明します）

183 opinion
[əpínjən]

名 ⓒ 意見；見解；評価

＊**opinion** about [on] ～（～に対する意見）やhave a good [high / favorable] **opinion** of ～（～のことをよく思う）という言い回しもよく使う。

> I have some strong **opinions** about this issue.
> （この件に関しては、強い意見を持っています）

184 language
[læŋgwidʒ]

名 ⓤ 言語；言葉　ⓒ（個々の）言語

＊native **language**は「母国語」、common **language**は「共通語」という意味で、どちらもよく使う。

> It's not necessary to master a foreign **language** before traveling abroad.
> （外国旅行をする前に、外国語をマスターする必要はない）

185 notice
[nóutis]

名 ⓒ 通知；告示；掲示板　ⓤ 注意

＊at short **notice**（急に）、take **notice** of ～（～に注意する）はよく使う言い回し。動詞としても「気づく」の意でよく使う。

> Prices are subject to change without **notice**.
> （値段は、予告なしに変わる場合があります）

186 crowd
[kráud]

名 C 群集

*a **crowd** of 20,000 peopleで「2万人の群集」、a **crowd** of camerasなら「たくさんのカメラ」の意。follow the crowd（付和雷同する）という言い回しもある。

A huge **crowd** gathered around the clock tower.
（時計台周辺に大群衆が集まった）

187 problem
[prábləm]

名 C 問題

*the **problem** of bullyingで「いじめの問題」の意。The **problem** is ~．（問題なのは~）は、話や議論の切り出しとして重宝する。

I have been faced with difficult **problems** since I became the president.
（社長になってから、難しい問題に直面し続けている）

188 place
[pléis]

名 C 場所；地域

*take **place**（＜事が＞起こる；開催される）、fall into **place**（ぴったりする；つじつまが合う；物事がうまく運ぶ）は頻出イディオム。in **place** of ~（~の代わりに）も覚えておきたい。

China finished in second **place** in the game.
（その試合で中国は2位に終わった）

ベーシック名詞2

189 ☐ **space**
[spéis]

名 Ⓤ 空間；スペース；宇宙　Ⓒ 場所

＊「空間」という意味では不可算名詞だが、「場所」という意味では可算名詞。
a parking **space**（駐車場）。

> The rocket was created when **space** technology was in its first stages of development.
> （そのロケットは、宇宙技術が初期の段階に作られた）

190 ☐ **liquid**
[líkwid]

名 Ⓒ Ⓤ 液体；流動体

＊「固体」はsolid、「気体」はgasという。

> Solids turn to **liquids** and liquids turn to gases at certain temperatures.
> （ある温度で、固体は液体に、液体は気体になる）

COLUMN 2
接頭辞・接尾辞を使って単語を増やそう！

　単語は言葉の最小単位ですが、意味の単位としてはさらに細かく分解することができます。

　たとえば、surviveはsur・viveと2つに分けることができるのです。surの部分が接頭辞で、「超えて」という意味を持ちます。一方、viveは「生きる」という意味で、sur + viveで「超えて + 生きる」、つまり「生き残る」とか「生き延びる」という意味になるのです。

> **sur・vive**
> 超えて + 生きる ＝ 生き残る

　こうした接頭辞や、語尾に付く接尾辞のポピュラーなものを知っておくと、単語をまとめて覚えることができますし、知らない単語に出合ってもおおよその意味を予測できるようになります。

　いくつかポピュラーな接頭辞・接尾辞をあげておきましょう。

●接頭辞

co（共に）	**co**operate（協力する） 共に + 操作する	**co**exist（共存する） 共に + 存在する
in / im（不；否）	**in**nocent（無実の） 不 + 傷つける	**im**polite（無礼な） 不 + 丁寧な
pre（前に）	**pre**dict（予測する） 前に + 言う	**pre**judice（偏見） 前に + 判断

●接尾辞

er / or（人）	custom**er**（顧客） 愛顧 + 人	govern**or**（知事） 統治する + 人
fer（置く）	trans**fer**（移動する） 通って + 置く	pre**fer**（好む；選ぶ） 前に + 置く

第4章

生活語

大人が生活するのに重宝する約990語を、日常生活の18の場面に分けて紹介します。知らない単語をチェックしながら、どんどん覚えていくようにしましょう。各グループはさらにサブグループに分類されています。イメージで関連づけてまとめて身につけましょう。

生活語 1 家とインテリア
[Home & Interior]

家(house)やインテリア(interior)の英語は多くの言葉がカタカナになっているので親しみやすいでしょう。でも、まったく違うものもあります。マンション(アパート)は**apartment**(米)や**flat**(英)と呼び、英語の**mansion**は「大邸宅」を意味します。お部屋の「リフォーム」は**renovate**です。**reform**は「制度・システムなどを改正する」の意味になります。略語も多用され、「電気掃除機」は**vacuum**、「電気冷蔵庫」は**fridge**と呼んだりします。**rent**(家賃;賃貸に出す)、**mortgage**(不動産ローン)なども、カタカナからはイメージにしにくい言葉ですが、日常生活でとてもよく使いますよ。

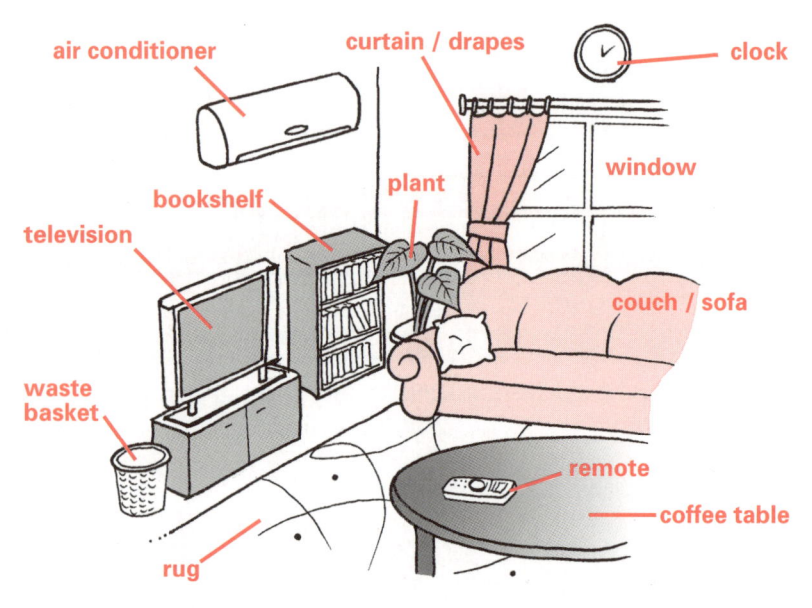

- air conditioner
- curtain / drapes
- clock
- bookshelf
- plant
- window
- television
- couch / sofa
- waste basket
- remote
- coffee table
- rug

生活語 1

例文

A: I can't find the ❶garage door ❷remote anywhere.
B: I think you left it in the ❸study, dear.

A：ガレージのドアのリモコンがどこにも見あたらないんだ。
B：あなたはそれを書斎に置いたんじゃないの。

I think it's time we refinanced our ❹mortgage on this ❺condominium.

このマンションの住宅ローンを借り換えるいい時機ではないかな。

If we ❻renovated the ❼basement, we could ❽rent it out.

地階をリフォームすれば、賃貸に出すことができるでしょう。

A: I just love this ❾rug. Is it Persian?
B: Yes, this ❿chest, too. We got both of them from that Arabian Nights store.

A：このじゅうたん、とても好きですよ。ペルシャ製なんですか。
B：そうです、このチェストもですよ。どちらもあのアラビアンナイトという店から買いました。

Those ⓫plants would be perfect on top of the small ⓬bookshelf.

あちらの植物は、小さな書棚の上に置くのにぴったりでしょう。

A: OK, I put a new bag in the ⓭vacuum.
B: Now make sure you get in there behind the ⓮television.

A：さあ、新しい袋を掃除機に入れたよ。
B：それじゃあ、テレビの後ろを掃除してね。

ワードリスト

CD 2 Track-2

❖ 玄関とその周辺

- [ ] **front door** 玄関（ドア）
  * 「裏口」はback door、「勝手口」はside doorという。

- [ ] **lobby** [lábi] 名 玄関ロビー

- [ ] **mailbox** [méilbàks] 名 郵便受け

- [ ] **roof** [rúːf] 名 屋根

- [ ] **doorbell** [dɔ́ːrbèl] 名 ドアの呼び鈴
  * 電話方式で呼び出すことができるものはintercomという。

- [ ] **driveway** [dráivwèi] 名 ドライブウェー ← 一般道から自宅車庫までの私道のこと。

❶ [ ] **garage** [gərάːdʒ] 名 車庫；ガレージ

- [ ] **balcony** [bǽlkəni] 名 バルコニー　*terraceともいう。

- [ ] **window** [wíndou] 名 窓
  * 「網戸」はscreen、「雨戸」はshutter。

- [ ] **hedge** [hédʒ] 名 生け垣；垣根

- [ ] **garden** [gάːrdn] 名 庭；庭園
  * yardなら「中庭」の意。「花壇」はflowerbedという。

- [ ] **lawn** [lɔ́ːn] 名 芝生
  * アメリカではおなじみの「芝刈り機」は**lawn** mowerという。

生活語1

❖ 家の中・部屋の種類

❸ ☐ **study** [stʌ́di]　　　　　名 書斎
  ＊denはゆったり過ごすための私室で、「書斎」の意でも使う。

☐ **dining room**　　　　　ダイニングルーム

☐ **family room**　　　　　ファミリールーム；居間

☐ **bathroom** [bǽθrùːm]　　　トイレ

❼ ☐ **basement** [béismənt]　　名 地下室

☐ **downstairs / upstairs**　　名 副 階下（に）；階上（に）
  [dáunstéərz]　　[ʌ́pstéərz]
  ＊live **upstairs** from you（あなたの上の階に住んでいる）

☐ **hallway** [hɔ́ːlwèi]　　　　名 廊下
  ＊「玄関」「通路」の意でも使う。「階段」はsteps。

☐ **ceiling** [síːliŋ]　　　　　名 天井

☐ **wall** [wɔ́ːl]　　　　　　　名 壁

☐ **sink** [síŋk]　　　　　　　名 流し；シンク

> ❗ 出かけたときにはrestroomをよく使う。lavatoryはやや直接的。アメリカではtoiletは「便器」そのものを指す。

❖ 家にまつわる言葉

☐ **real estate**　　　　　　不動産

❹ ☐ **mortgage** [mɔ́ːrgidʒ]　　名 不動産ローン
  ＊「頭金」はdown paymentと呼ぶ。

☐ **apartment** [əpάːrtmənt]　名 アパート；マンション
  ＊イギリスではアパートのことをflat [flǽt] と呼ぶ。なお、mansionと言えばアメリカでは豪華な「邸宅」を指す。

❺ ☐	**condominium** [kàndəmíniəm]	名	分譲マンション；コンドミニアム
❻ ☐	**renovate** [rénəvèit]	動	リフォームする；修繕する
❽ ☐	**rent** [rént]	名	家賃；賃貸料　動 賃借する

> ❗ 英語のreformは制度・システムなどを「改革する」の意なので家や部屋には使わない。

❖ 家具・小物

☐	**furniture** [fə́ːrniʃər]	名	家具
☐	**couch / sofa** [káutʃ / sóufə]	名	カウチ；ソファ
☐	**coffee table**		コーヒーテーブル

＊ソファの前に置く低いテーブル。日本でいう「センターテーブル」のこと。照明などを載せる小さなテーブルはend tableという。

❾ ☐	**rug** [rʌ́g]	名	じゅうたん；ラグ
❿ ☐	**chest** [tʃést]	名	整理ダンス・チェスト
⓬ ☐	**bookshelf** [búkʃèlf]	名	本棚

> ❗ 数えられない名詞として使う。
> imported furniture（輸入家具）

☐	**cupboard** [kʌ́bərd]	名	食器棚
☐	**cabinet** [kǽbənit]	名	収納棚；キャビネット
☐	**dresser** [drésər]	名	ドレッサー；化粧ダンス
☐	**drawer** [drɔ́ːr]	名	引き出し
☐	**curtain / drapes** [kə́ːrtn / dréips]	名	カーテン
☐	**clock** [klák]	名	掛け時計
☐	**floor lamp**		フロアランプ；床用電気スタンド

生活語1

- ☐ **waste basket** — ごみ箱
- ⓫ ☐ **plant** [plǽnt] — 名（観葉）植物
  * house plantともいう。「花瓶」はvaseという。
- ☐ **alarm clock** — 目覚まし時計

❖ 家電製品

- ☐ **electric appliances** — 名 家電製品
  * 冷蔵庫や洗濯機など「白物家電」は英語でもwhite goodsという。
- ⓭ ☐ **vacuum cleaner** — 電気掃除機
  * vacuum [vǽkjuəm] 単独でもよく使う。
- ☐ **washing machine** — 洗濯機
  * 「乾燥機」はdryer、「乾燥機能付き洗濯機」はwasher-dryerという。
- ☐ **refrigerator** [rifrídʒərèitər] — 名 冷蔵庫
  * 略してfridgeともいう。
- ⓮ ☐ **television** [téləvìʒən] — 名 テレビ

  > ❗ TVともいう。「テレビ」は和製英語で通じない。

- ❷ ☐ **remote** [rimóut] — 名 リモコン
  * 正確にはremote controlだが、日常ではremoteだけで使う。
- ☐ **air conditioner** — エアコン
- ☐ **microwave oven** — 電子レンジ
  * microwave [máikrouwèiv]を動詞として使えば「加熱する；レンジでチンする」の意。
- ☐ **outlet** [áutlet] — 名（電気の）コンセント

生活語 2 デイリーライフ
[Everyday life]

朝起き（**get up**）たら、顔を洗い（**wash one's face**）、歯を磨き（**brush one's teeth**）ます。トイレ（**bathroom**）を使って、朝食をとる（**have breakfast**）。女性ならお化粧をして（**make up one's face**）、香水（**perfume**）をふりかけるでしょう。男性なら洗面のときにひげを剃り（**shave**）ますね。通勤（**commute**）は電車、バス、車いろいろな方法があります。電車やバスなら定期券（**pass**）を利用するのがふつうでしょう。家にいるときはいろいろな家事（**household chores**）が待っています。掃除して（**clean**）、洗濯して（**do laundry**）、食事をつくって（**cook**）、犬の散歩（**walk a dog**）も。日々の英語は自分の行動に即してイメージするとすんなりと身につきます。

relax

change clothes

wake up

work

生活語2

例文

A: Do you like my new ①lipstick?
B: Yes, it's very nice. That ②perfume is also marvelous.

A：私の新しい口紅が好き？
B：うん、とても素敵だよ。その香水もすばらしいけどね。

A: How do you kill time on your ③commute?
B: Usually I ④listen to music or read the paper.

A：通勤のときにはどうやって時間をつぶしているの？
B：ふつうは音楽を聴くか、新聞を読むか、ね。

Manjit ⑤goes to school every day ⑥by train.

マンジットは毎日、電車で学校に行きます。

I like ⑦watching TV while ⑧exercising on the treadmill.

トレッドミルで運動しながらテレビを見るのが好きです。
＊treadmillはベルト上で歩いたり走ったりするエクササイズ機器。

A: Who's ⑨cooking this morning?
B: Well, I ⑩did the laundry last night. It's your turn to ⑪make breakfast then.

A：今朝はだれが料理をするの？
B：私は昨日の夜、洗濯をしたわ。ということは、あなたが朝食を作る番ね。

I got so ⑫tired ⑬walking the dog last night.

昨日の夜は犬の散歩でとても疲れた。

You really need to ⑭clean up that ⑮messy room of yours.

あなたのあの散らかった部屋は片づけなきゃダメよ。

ワードリスト

CD 2 Track-4

❖ 起きる・寝る

☐ **wake up**	目覚める
☐ **get up**	起きる；起床する
☐ **go to bed**	寝る

＊get out of bedとすれば「起きる」という意味になる。

☐ **sleep** [slíːp]	動 眠る

❖ 洗面とバス

☐ **brush one's teeth**	歯を磨く
☐ **wash one's face**	顔を洗う
☐ **rinse out one's mouth**	（口を）すすぐ
☐ **shave** [ʃéiv]	（ひげなどを）剃る

＊shaverなら「ひげ剃り」、razorは「電気ひげ剃り機」。

☐ **take a shower**	シャワーを浴びる

＊take a bath（お風呂に入る）

☐ **soap** [sóup]	名 石けん
☐ **towel** [táuəl]	名 タオル　＊発音注意

❖ 身だしなみ

☐ **cosmetics** [kɑzmétiks]	名 化粧品　＊通例、複数

生活語2

① ☐ **lipstick** [lípstìk] 　　　名 口紅

② ☐ **perfume** [pə́ːrfjuːm] 　　名 香水

> ❗ 着たり脱いだりする動作を表す。get dressedでも「服を着る」を表せる。

☐ **make up one's face** 　　化粧をする

☐ **comb one's hair** 　　髪を整える
＊comb [kóum] は名詞で使えば「くし」のこと。

☐ **deodorant** [diːóudərənt] 　　名 デオドラント；体臭防止剤

☐ **put on / take off** 　　身につける／脱ぐ

☐ **wear** [wéər] 　　動 身につけている
＊身につけた状態を表す。She **wears** Prada. (彼女はプラダを着ている)

☐ **change clothes** 　　着替えをする

☐ **zip up** 　　ファスナーを閉める
＊unzip（ファスナーを開ける）

❖ 通勤・通学

③ ☐ **commute** [kəmjúːt] 　　名 通勤・通学　動 通勤・通学する

⑤ ☐ **go to school** 　　通学する；学校に行く

☐ **go to work** 　　通勤する；仕事に行く

⑥ ☐ **by train** 　　電車で
＊通勤・通学の他の方法はby bus（バスで）、by car（車で）、on foot（徒歩で）。

☐ **pass** [pǽs] 　　名 定期券

☐ **timetable** [táimtèibl] 　　名 時刻表

> ❗ 電車・バスなどの「運賃」はfareという。train fare（電車代）

❖ リラックス・運動

☐ **relax** [rilǽks]	動 くつろぐ	
⓬ ☐ **tired** [táiərd]	形 疲れた	

> ❗「疲れる」という変化はget tired、「疲れた」状態はbe tiredで表す。

❹ ☐ **listen to music**	音楽を聴く
☐ **read a book**	本を読む
＊read the paper（新聞を読む）	
❼ ☐ **watch TV**	テレビを見る
☐ **play a video game**	ビデオゲームをする
☐ **chat** [tʃǽt]	動 おしゃべりをする
❽ ☐ **exercise** [éksərsàiz]	名 運動 動 運動する

❖ 家事のいろいろ

☐ **housekeeping** [háuskì:piŋ]	名 家事
＊household choresや単にchoresともいう。	
❾ ☐ **cook** [kúk]	動 料理をする
⓫ ☐ **make breakfast**	朝食をつくる
＊make lunch / dinner（昼食／夕食をつくる）	
☐ **go shopping**	買い物に行く
☐ **pay bills**	請求書の支払いをする
☐ **check e-mail**	メールをチェックする
☐ **feed a pet**	ペットにえさをやる

生活語2

⓭ ☐ **walk a dog** 　　　犬を散歩させる
　*このwalkは「散歩させる」の意の他動詞。

❖ 洗濯

> ❗ laundryには「洗濯」のほかに、「洗濯物」の意味もある。

⓾ ☐ **do the laundry** 　　　洗濯をする

☐ **detergent** [ditə́ːrdʒənt] 　名 洗剤　*「漂白剤」はbleachという。

☐ **iron** [áiərn] 　　　動 アイロンをかける

☐ **hang out** 　　　干す
　***hang out** the laundry（洗濯物を干す）

❖ 掃除

⓮ ☐ **clean** [klíːn] 　　　動 掃除をする
　*clean up（きれいに掃除する；片づける）

☐ **sweep** [swíːp] 　　　動 （ほうきで）掃く；掃除をする

☐ **vacuum** [vǽkjuəm] 　　　動 （電気）掃除機をかける
　*「電気掃除機」そのものも指す。

☐ **wipe** [wáip] 　　　動 拭く

☐ **polish** [páliʃ] 　　　動 磨く

☐ **tidy** [táidi] 　　　形 きれいな；整頓された　*類義語にneat。

⓯ ☐ **messy** [mési] 　　　形 散らかった；汚い　*類義語にdirtyがある。

☐ **garbage bag** 　　　ゴミ袋

☐ **dust** [dʌ́st] 　　　名 ほこり

生活語 3

ファッション
[Fashion]

ファッションはお店で服を買う場面をイメージしましょう。気に入った服を見たら、試着をします（**try on**）ね。店員に試着室（**fitting room**）に案内してもらいましょう。丈（**length**）は大丈夫でしょうか。きつく（**tight**）ない？ その服が別の服とコーディネートして合う（**match**）かどうかも検討材料ですね。色はインディゴ（**indigo**）とワインレッド（**burgundy**）、どちらがいい？ 柄（**pattern**）は花柄（**flowered**）で大丈夫？ ズボン（**trousers**）なら裾直し（**alteration**）も頼まなければいけませんね。ちなみに、両足、両手などペアで身につけるものは複数で表します。パンプス（**pumps**）、手袋（**gloves**）、イヤリング（**earrings**）など。

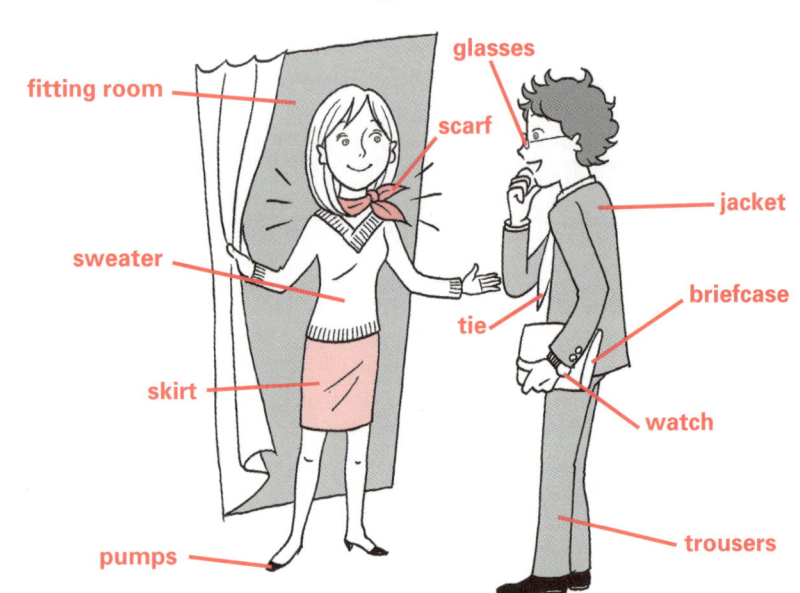

- fitting room
- glasses
- scarf
- jacket
- sweater
- tie
- briefcase
- skirt
- watch
- pumps
- trousers

生活語3

例文

A: That ❶sweater goes well with that pair of ❷trousers.
B: You don't think it's too ❸tight?

A：そのセーターはそのズボンにとてもよく合ってるわ。
B：きつすぎると思わない？

A: The ❹plaid tie is perfect.
B: I think I still prefer the ❺striped one.

A：その格子柄のネクタイは最高よ。
B：僕はまだ、ストライプのほうがいいと思っているんだ。

A: I'd prefer something in a ❻darker color.
B: How about this ❼crimson one?

A：濃い色のものがいいですね。
B：この深紅色のものはいかがですか。

I ❽tried on that ❾shirt but it's too long in the ❿sleeves.

そのシャツを着てみたけれど、袖が長すぎました。

Those ⓫pumps are too ⓬fancy for this club.

あのパンプスはこのクラブには豪華すぎるわ。

ワードリスト CD 2 Track-6

❖ 洋服の種類

- ☐ **overcoat** [óuvərkòut] 　　名 コート；外套
- ☐ **jacket** [dʒǽkit] 　　名 ジャケット；（スーツの）上着
- ☐ **coat** [kóut] 　　名 コート；（スーツの）上着
- ❶ ☐ **sweater** [swétər] 　　名 セーター　＊発音注意
- ☐ **dress** [drés] 　　名 ワンピース；ドレス
- ❾ ☐ **shirt** [ʃə́ːrt] 　　名 シャツ
- ☐ **blouse** [bláus] 　　名 ブラウス
- ❷ ☐ **trousers** [tráuzərz] 　　名 ズボン　　❗両脚が入る衣類、両手・両足で身につける衣料品は複数で表す。
- ☐ **underwear** [ʌ́ndərwèər] 　　名 下着
- ☐ **underpants** [ʌ́ndərpæ̀nts] 　　名 （下着の）パンツ
- ☐ **pantyhose** [pǽntihòuz] 　　名 ストッキング
- ☐ **sweatshirt** [swétʃə̀ːrt] 　　名 トレーナー；スウェットシャツ
- ☐ **shorts** [ʃɔ́ːrts] 　　名 （夏用の）短パン
- ☐ **pajamas** [pədʒɑ́ːməz] 　　名 パジャマ
  ＊上下あるので複数で使う。

2019年12月1日現在

> 英語の学習目的ごとに分類！

2020年に英語を
マスターしたい方のための

ゼロからスタート
英語シリーズ

出版案内

apple
an

**大人の
やり直し英語に
ピッタリ！**

Jリサーチ出版

まずはこの1冊！

ゼロからスタート 英会話

妻鳥千鶴子 著　A5判　1400円

CD付　音声DL付

基本フレーズ50を単語の置き換えと音読でインプット！
ロールプレイで話す練習もでき、
45の場面別会話も学べる。

> 英会話学習の基本はインプット（覚える）→アウトプット（話す）。本書でしっかり練習すれば、必ず英会話の基礎がしっかり身につきます！

Profile
妻鳥千鶴子
バーミンガム大学大学院翻訳学修士課程終了。英検対策塾アルカディアコミュニケーションズ主宰。著書30冊以上。

Function 5　承諾・拒否

人から何かを依頼されたり許可を求められたりした場合、どんな人うかによって違う表現をすることになります。例えば、May I ～? と聞かれて、Yes, you may. と答えてしまうと、偉そうに聞こえて、相手の気分を害してしまう場合があります。Sure や Certainly. と答えましょう。また、決断にきちんとした答えを返すこともが礼儀となるため、I'm sorry, but ～. などの表現も覚えておきましょう。

⑨ 承諾する
Sure!
（もちろん！）

★ 何かを依頼されて快く引き受けたり、許可を与えたりする場合の返事を覚えましょう。

- Sure!（もちろん）
- Certainly.（もちろん）
- Why not?（もちろん）
- No problem.（もちろん）
- Of course not.（もちろん）

音読チェック ▶ □□□□□

これも覚えよう!!

☐ **All right, if you insist.**（ほんと、どうしてもと言うのなら）
※「どうしてもと言うのなら」という遠回りの仕方OKとなる言い方になります。

☐ **I'd be happy to.**（喜んで）
※ Would you ～? で聞かれた場合にぴったり。「喜んで」と言いたくて、I'm willing to ～ を使う人も多いようですが、この表現は「いつでも喜んでします」という文脈なので、現時点で何かを頼まれたいる返答として「ぴったりのものとは限りません。

⑩ 拒否する
I'm sorry, but ～.
（悪いけど、～）

★ 何かを頼まれたとき、許可を求められたときに柔らかに断る言い方です。
I'd rather you didn't. だけでもOK。

- I'm sorry, but ～ ▶
- I'd rather you didn't.（そうしてほしくありません）
- I'm busy.（忙しいのです）
- It's too difficult for me.（私には難しすぎます）
- It's not allowed.（～は許されていません）
  ※施設などでできない場合に。

音読チェック ▶ □□□□□

これも覚えよう!!

☐ **I don't think it's a good idea.**（それはいい考えとは思いません）
※ 許可を求められた、提案を断る場合などに。

☐ **You shouldn't do that.**（そんなことをすべきではありませんよ）
※ もっと強気な物言いのため、Maybe you shouldn't ～ のように言う場合も。

英語を速く、たくさん読みたい方へ

ゼロからスタート
英語を読むトレーニングBOOK

CD 2枚付
音声DL付

デイビッド・セイン 著　A5判　1400円

セイン先生による5段階の学習メソッドと、豊富なトレーニング用英文素材(83本)を収録!

> 私が30年間培ってきた「英語を英語のままインプットする」「速読」などの、リーディング勉強法を余すことなく解説しました! Enjoy your English reading journey!

Profile
デイビッド・セイン
30年以上前に来日。翻訳、通訳、執筆、英語学校経営など活動は多岐にわたる。著書の累計売上冊数300万部以上。

英語で表現したい方へ

ゼロからスタート
英語を書くトレーニングBOOK

成重寿 著　A5判　1400円

「英文の骨格をつくる」→「付属品を処理する」の2ステップ方式の練習で、「思考プロセス」が身につく。

> 中学英語を使ってやさしく楽しく英語を書く練習ができます。ライティング初級者にぴったりです。日常の英作文に使う表現やフレーズも覚えられます。

Profile
成重寿
一橋大学社会学部卒。英語教育出版社、海外勤務の経験を生かして、TOEICを中心に幅広く執筆・編集活動を行っている。著書累計売上100万部以上。

ゼロからスタート 英単語 BASIC 1400

CD2枚付 **音声DL付**

まずは この1冊！

成重寿／妻鳥千鶴子 著　A5変型　1400円

基本的な動詞・形容詞・名詞をはじめ、家・旅行・ファッションなどの生活語までバランスよく身につけられる。

> 英語学習は英単語から！単語の数が増えるにつれて、英語の世界は広がっていきますよ。英語力の基礎を単語から作りましょう。

Profile
成重寿
一橋大学社会学部卒。英語教育出版社、海外勤務の経験を生かして、TOEICを中心に幅広く執筆・編集活動を行っている。著書累計売上100万部以上。

---

1 give [giv]

"自分から何かをどんどん**与える**"

[CD 1 Track-2]

自分から相手に対して、何かをどんどん「与える」というのがgiveのコアイメージです。「(手)渡す」「贈与する」など、幅広い意味で使えます。与えるものは、目で触れることができる品物やお金などから、愛情、慰しみ、苦痛、時間、チャンス、権利、結論といった概念的なものまで、さまざまです。

活用 ▶ give - gave - given

giveの仲間たち
- □ **present** [prizént] 授与する；提供する
- □ **provide** [prəváid] 与える；備える
- □ **supply** [səplái] 供給する；提供する

超基本動詞 1

例文

「与える」の基本
- □ I will **give** her this bag for her birthday.
  (彼女の誕生日にこのバッグを贈るつもりです)
  ▶ I will give this bag to her. としても同じです。giveの基本的な形である <give + 人 + モノ>と<give + モノ + to + 人>を覚えましょう。

待つ
- □ Could you **give** me a little more time?
  (もうちょっと待っていただけませんか)

やってみる
- □ You should **give** it a try. (やってみるべきです)
  ▶ give it a second thought (考え直す)、give it a shot (試してみる) などの言い方もあります。

言う
- □ You should **give** it to me straight.
  (はっきり言ってください)
  ▶ Give it to me straight. としてもOK。

give up「あきらめる；やめる」
- □ I'll definitely **give** up smoking this year.
  (今年は絶対にたばこをやめます)
  ▶ give upとよく似ているのが、give up on で、「(愛想を尽かして)「見切りをつける」など、だめだとわかってあきらめる場合にぴったりです。

give in to「〜に屈する」
- □ The president stated that he would never **give** in to terrorists' demands.
  (テロリストの要求には決して屈しないと大統領は述べた)
  ▶ give in は「(自分を認めて)試合などを放棄する」こと。to 〜を続けると「〜に屈する・負ける」という意味になります。

give off「(光を)放つ」
- □ The box is **giving** off a strong smell. What's in it?
  (その箱、すごい臭いがしている。何が入っているの?)

音読・シャドーイング

好みでどちらか選んで！

内容 安コーチ式音読学習　CD2枚付　音声DL付

ゼロからスタート
正しい音読学習

安河内哲也／ミッキー・エイコーン 著　A5判　1400円

安河内哲也先生の音読学習メソッドとミッキー・エイコーン先生によるバラエティ豊かな英文パッセージを使って、たっぷり訓練ができる。

安コーチ式の音読学習5ステップ！

✤目次
STEP1　サイトトランスレーション
STEP2　リピート音読
STEP3　シャドーイング
STEP4　ナチュラルスピードリスニング
STEP5　仕上げクイズ

好みでどちらか選んで！

内容 初級者向けシャドーイング学習　CD付　音声DL付

新ゼロからスタート
シャドーイング
入門編

宮野智靖 著　A5判　1400円

英会話の入門者・初級者でも気軽にチャレンジできるシャドーイング学習書。

シャドーイングの学習効果！

①英語の音感が身につく！
②口の筋肉がネイティブのように鍛えられる
③質の高いリスニング力がつく！
④英語脳になる！
⑤語い・例文をラクに暗記できる！

新刊

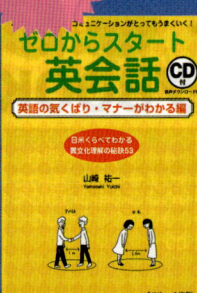

ゼロからスタート 英会話 英語の気くばり・マナーがわかる編

CD付　音声DL付

山崎祐一　著　A5判　1400円

英会話の背景にある文化やマナー、
英語的発想を学べる1冊。
ネイティブと英語で話すときに必要な知識が身につく。

❖目次（一部）
第1章　あいさつ編　初対面のあいさつ／自己紹介 ほか
第2章　シチュエーション別定型表現編　頼む／誘う ほか
第3章　英語圏の文化編　ふさわしくない話題
　　　　／アイコンタクト／握手は意外に難しい
　　　　／英語は何でも言葉にする ほか
第4章　英語の発想編　語順はやっかいだ
　　　　／丁寧さを出すノウハウ／スラングはカッコいい？
　　　　／そのカタカナ英語、通じない！ほか

お問い合わせ・本のお買い求めはこちら

Jリサーチ出版　J Research Press

〒166-0002 東京都杉並区高円寺北2-29-14-705
☎ 03-6808-8801／FAX 03-5364-5310（代表）
☎ 03-6808-8806／FAX 03-3223-3455（編集）

Jリサーチ出版HP　https://www.jresearch.co.jp

Visit our website!

● 価格はすべて税抜き。Tax excluded in all price.

生活語3

❖ 靴とアクセサリー

- **scarf** [skɑ́ːrf]　　名 スカーフ
- **tie** [tái]　　名 ネクタイ
- **gloves** [ɡlʌ́vz]　　名 手袋
- **cap** [kǽp]　　名 キャップ；野球帽
  ＊hatは「縁のある帽子」。
- **glasses** [ɡlǽsiz]　　名 眼鏡
- ⑪ **pumps** [pʌ́mps]　　名 パンプス
- **earrings** [íərrìŋz]　　名 イヤリング；ピアス
- **ring** [ríŋ]　　名 指輪
- **cuff links**　　カフスボタン　＊通例、複数。
- **briefcase** [bríːfkèis]　　名 ブリーフケース；書類入れ
- **umbrella** [ʌmbrélə]　　名 傘
- **jewelry** [dʒúːəlri]　　名 宝石　＊gem [dʒém]という言い方もある。
- **watch** [wátʃ]　　名 腕時計

❖ 服の柄

- □ **pattern** [pǽtərn]　　　名 柄
- ❹ □ **plaid** [plǽd]　　　形 格子縞の
- ❺ □ **striped** [stráipt]　　　形 ストライプの；縞模様の
- □ **checkered** [tʃékərd]　　　形 格子柄の；チェックの
- □ **flowered** [fláuərd]　　　形 花柄の
- □ **paisley** [péizli]　　　形 ペイズリー模様の
- □ **pleated** [plíːtid]　　　形 プリーツの；ひだのある
- □ **polka dot**　　　水玉（の）　*dotは「点」のこと。

❖ 服の色

- □ **beige** [béiʒ]　　　形 ベージュ色の　*スペル注意
- □ **indigo** [índigòu]　　　形 藍色の；インディゴの
- □ **navy** [néivi]　　　形 濃紺の；ネイビーの
- ❼ □ **crimson** [krímzn]　　　形 深紅色の；クリムゾンの
- □ **burgundy** [bə́ːrgəndi]　　　形 ワイン色の；バーガンディーの
- □ **purple** [pə́ːrpl]　　　形 紫色の
- □ **violet** [váiəlit]　　　形 すみれ色の
- □ **coral** [kɔ́ːrəl]　　　形 サンゴ色の；ピンクっぽい赤の

生活語3

- ☐ **turquoise** [tə́ːrkwɔiz]　形 ターコイズ色の；青緑色の
- ☐ **pale** [péil]　形 淡い色の；(色が) 薄い
  *pale blue（淡いブルー）
- ☐ **light** [láit]　形 (色が) 薄い；淡い
- ❻ ☐ **dark** [dáːrk]　形 (色が) 暗い；深い；濃い

❖ ファッションをめぐる言葉

- ❿ ☐ **sleeve** [slíːv]　名 そで
- ☐ **collar** [kálər]　名 襟（えり）
- ☐ **length** [léŋkθ]　名 丈
- ❸ ☐ **tight** [táit] / **loose** [lúːs]　形 きつい／ゆるい
- ⓬ ☐ **fancy** [fǽnsi] / **plain** [pléin]　形 派手な／シンプルな
- ☐ **alteration** [ɔ̀ːltəréiʃən]　名 (ズボンなどの) 裾直し
- ☐ **fitting room**　試着室
  ❗ dressing roomともいう。
- ❽ ☐ **try on**　試着する
  ❗ 試着をするときの必須語なのでしっかり覚えておこう。
- ☐ **go well with**　〜と（コーディネーションが）合う
  *This blazer **goes well with** your trousers.
  （このブレザーはお客様のズボンによく合いますよ）
- ☐ **match** [mǽtʃ]　動 (コーディネーションが) 合う
- ☐ **fit** [fít]　動 (服の大きさ・形が人に) 合う
  *This suit **fits** you well.（このスーツはお客様にぴったりです）

生活語 4 社交・コミュニケーション
[Socializing & Communication]

社交の基本はあいさつです。**How are you?**（お元気ですか）、**Nice to meet you.**（お会いできてうれしいです）はおなじみと思いますが、ほかにも提案の**How about 〜?**（〜はどうですか）、お詫びの**I'm sorry to 〜**（〜してすみません）などはとてもよく使います。電話は**May I speak to 〜**（〜［人］をお願いします）をはじめ、**transfer**（転送する）、**call back**（かけ直す）、**busy**（話し中で）、**hold on**（切らずに待つ）などの定型表現を覚えておけばさまざまな場面で応用できます。

> How are you?

> Long time no see.

生活語4

例文

A: Is Gary ❶going out with Isabella?
B: Yes, and he's ❷fallen madly in love with her.

A：ゲイリーはイサベラとデートしているの？
B：そう、彼は彼女にぞっこんなんだ。

A: Maddy! ❸Long time no see.
B: Oh, Jason, ❹how are you?

A：マディ！　本当に久しぶり。
B：ジェイソン、元気にしている？

Remember to put your return ❺address on the ❻envelope.

必ず封筒に返信先の住所をご記入ください。

I need a ❼money order for $50 and five 45-cent ❽stamps.

50ドルの郵便為替と45セント切手を5枚ください。

A: ❾Hello, is Mr. Villapiano there?
B: Yes. ❿Hold on. I'll ⓫transfer you.

A：もしもし、ビラピアノさんはいますか。
B：はい。そのままお待ちください。お電話を転送します。

A: Ms. Stewart ⓬is on another line.
B: Let me ⓭leave her a message then.

A：スチュアートは他の電話に出ております。
B：それでは彼女に伝言をお願いします。

ワードリスト

CD 2 Track-8

❖ あいさつと決まり文句

❹ ☐ **How are you?** お元気ですか
＊返答はFine, thank you. And you?など。

❸ ☐ **Long time no see.** お久しぶりです
＊seeは「会う」の意味がある。

☐ **Nice to meet you.** お会いできてうれしいです
＊meetは「会う」の意。

☐ **How about 〜?** 〜はいかがですか
＊**How about** Italian food for lunch?（昼食にイタリア料理はどう？）

> ！提案をするときの決まり文句。「〜しませんか」ならWhy don't you 〜? が使える。

☐ **I'm sorry (to 〜)** （〜して）すみません
＊おわびを言うときの決まり文句。**I'm sorry to** disturb you.（おじゃましてすみません）

☐ **say hello to 〜** 〜によろしく伝える
＊Please **say hello to** your sister.（妹さんにもよろしく伝えてください）

☐ **let me 〜** 私に〜させる
＊**Let me** know if you have any question.（質問があれば教えてください）、**Let me** introduce myself.（自己紹介させてください）

❖ 会う・約束する

☐ **join** [dʒɔ́in] 動 一緒になる；参加する
＊Why don't you **join** us for lunch?（一緒にランチに行きませんか）

☐ **introduce** [ìntrədjúːs] 動 紹介する

生活語4

- [ ] **promise** [prámis]　　　　　名 約束
  * keep one's **promise**（約束を守る）、break one's **promise**（約束を破る）

- [ ] **make an appointment**　　（仕事の）約束をする

❶ - [ ] **go out with**　　　　　～とデートをする
  * date withともいう。

❷ - [ ] **fall in love with**　　　～と恋に落ちる

❖ イベント

- [ ] **Congratulations!** [kəngrætʃuléiʃənz] 間 おめでとう
  * 祝辞のフレーズのときには複数形で使う。

- [ ] **marriage** [mǽridʒ]　　　名 結婚　*「離婚」はdivorceという。

- [ ] **engagement** [ingéidʒmənt]　名 婚約

- [ ] **reception** [risépʃən]　　　名 披露宴

- [ ] **reunion** [rìːjúːnjən]　　　名 同窓会
  * a high school **reunion**（高校の同窓会）

- [ ] **alumni** [əlʌ́mnai]　　　　名 卒業生；同窓生
  * 複数形。単数は男性の同窓生がalumnus、女性の同窓生がalumna。

- [ ] **welcome party**　　　　　歓迎会
  *「送別会」はfarewell partyという。

- [ ] **anniversary** [ænəvə́ːrsəri]　名 記念日　*会社の設立記念日など。

- [ ] **funeral** [fjúːnərəl]　　　　名 葬式　*「通夜」はwakeという。

- [ ] **sympathy** [símpəθi]　**名** お悔やみ
  * Please accept my sincere **sympathies**. （心からお悔やみ申し上げます）。

❖ 郵便

- ❺ [ ] **address** [ədrés]　**名** 住所　＊「返信用住所」はreturn **address**。
- ❻ [ ] **envelope** [énvəlòup]　**名** 封筒
- ❽ [ ] **stamp** [stǽmp]　**名** 切手
- [ ] **postcard** [póustkà:rd]　**名** 絵はがき
- [ ] **air mail**　航空便
- [ ] **parcel** [pá:rsəl]　**名** 小包
- [ ] **express** [iksprés]　**名** 速達
- [ ] **registered** [rédʒistərd]　**形** 書留の
- ❼ [ ] **money order**　郵便為替
- [ ] **zip code**　郵便番号
- [ ] **courier** [kə́:riər]　**名** 宅急便
- [ ] **post** [póust] **/ mail** [méil]　**動** （手紙などを）投函する

❖ 電話をかける

- ❾ [ ] **hello** [helóu]　**間** もしもし

生活語4

- [ ] **speak to ~** 　　　~と話す
  * May I **speak to** Mr. Smith?（スミスさんをお願いします）

- [ ] **This is ~** 　　　こちらは~です
  * 電話をかけて名乗るときに使う。

- [ ] **call** [kɔ́:l] 　　　名 電話　動 電話をする
  * call backなら「折り返しかけ直す」。

- [ ] **hold on** 　　　（切らないで）そのまま待つ

- [ ] **transfer** [trǽnsfə:r] 　　　動（電話を）転送する

- [ ] **busy** [bízi] 　　　形 話し中である

- [ ] **spell** [spél] 　　　動（名前の）スペルを言う

> ! hang up なら「（電話を）切る」の意になる。

- [ ] **be on another line** 　　　他の電話に出ている

- [ ] **be back** 　　　戻る

- [ ] **be out** 　　　外出中で
  * be out of townなら「旅行・出張中で」の意。

- [ ] **leave a message** 　　　伝言を残す

> ! take a messageなら「伝言を受ける」。

- [ ] **phone number** 　　　電話番号

- [ ] **extension** [iksténʃən] 　　　名 内線番号

- [ ] **mobile phone** 　　　携帯電話　　* cell phoneともいう。

- [ ] **pager** [péidʒər] 　　　名 ポケベル；ページャー

生活語 5 料理と食材
[Cooking & Food]

野菜や果物は英語＝日本語のケースが多いので、一致しないものを中心に覚えましょう。ほうれん草→**spinach**、ナス→**eggplant**、大根→**radish**など。ただ、似ていても発音が異なるトマト（**tomato**：トメイトウ）、キャベツ（**cabbage**：キャビッジ）などには要注意。料理の言葉は、「動詞 ＋ 目的語」の組み合わせがポイント！ **chop an onion**（タマネギをみじん切りにする）、**peel an apple**（リンゴの皮をむく）、**fry fish**（魚をフライにする）、**microwave frozen vegetables**（冷凍野菜を電子レンジにかける）というふうに覚えておくと、すぐに使えてとても便利です。

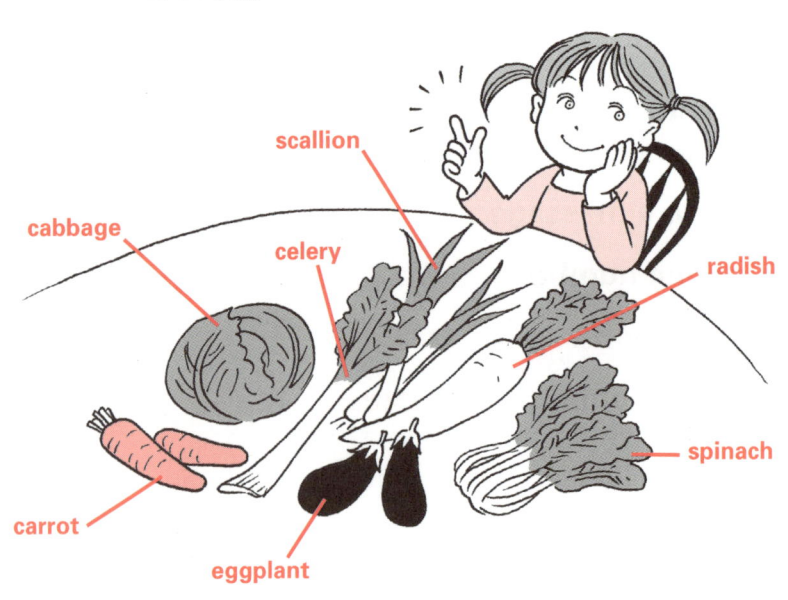

- cabbage
- scallion
- celery
- radish
- carrot
- spinach
- eggplant

生活語5

例文

A: This **①dip** is delicious. How do you make it?
B: You just **②chop** up some **③cucumbers** and **④add** plain yogurt.

A：このディップはいけるね。どうやって作るの？
B：キュウリを細かく切って、プレーンヨーグルトを加えるだけよ。

A: I can't eat that. I'm allergic to **⑤dairy products**.
B: Oh, I'm sorry. Try the **⑥asparagus** strips instead then.

A：それは食べられないんです。乳製品にアレルギーがあるので。
B：これはどうも失礼しました。それなら代わりにアスパラガスをどうぞ。

＊stripは「細長い一切れ」の意。

---

⑦Grate the **⑧carrots** and then put them in the **⑨bowl**.
ニンジンをすりおろして、ボウルに入れてください。

I can't decide between the **⑩lamb** and the **⑪pork** for lunch.
昼食をラムにするかポークにするか決めることができない。

stir
chop
microwave
peel

ワードリスト　CD 2 Track-10

❖ 野菜

- **vegetable** [védʒətəbl]　　名 野菜
- **lettuce** [létis]　　名 レタス
  ＊野菜名はカタカナと発音が違うものが多いので正確な発音を覚えたい。
- **cabbage** [kǽbidʒ]　　名 キャベツ
- **celery** [séləri]　　名 セロリ
- **corn** [kɔ́ːrn]　　名 トウモロコシ
- **broccoli** [brákəli]　　名 ブロッコリ
- **spinach** [spínitʃ]　　名 ほうれん草
- **eggplant** [égplænt]　　名 ナス
- ❸ **cucumber** [kjúːkʌmbər]　　名 キュウリ
- ❽ **carrot** [kǽrət]　　名 ニンジン
- **radish** [rǽdiʃ]　　名 大根
- **tomato** [təméitou]　　名 トマト
- ❻ **asparagus** [əspǽrəgəs]　　名 アスパラガス
- **potato** [pətéitou]　　名 ジャガイモ
- **peas** [píːz]　　名 エンドウ豆
- **onion** [ʌ́njən]　　名 タマネギ　＊scallion [skǽliən] ネギ。
- **mushroom** [mʌ́ʃruːm]　　名 マッシュルーム

生活語5

❖ 肉と海産物

- **meat** [míːt] 　名 肉類
- **poultry** [póultri] 　名 家禽類（かきん）
  * ニワトリのほか、アヒル、七面鳥なども含む。
- **beef** [bíːf] 　名 牛肉；ビーフ
- **veal** [víːl] 　名 子牛の肉
- **pork** [pɔ́ːrk] 　名 豚肉；ポーク
- **chicken** [tʃíkən] 　名 鶏肉；チキン
- **lamb** [lǽm] 　名 子羊の肉；ラム
- **dairy products** 　名 乳製品；酪農製品
  * dairyの発音は[déəri]。yogurt（ヨーグルト）は発音注意 [jóugərt]。
- **seafood** [síːfùːd] 　名 海産物
- **tuna** [tjúːnə] 　名 マグロ
- **cod** [kád] 　名 タラ
- **salmon** [sǽmən] 　名 サケ
- **lobster** [lábstər] 　名 ロブスター
- **prawn** [prɔ́ːn] 　名 エビ　*クルマエビなど大型のエビ。
- **crab** [krǽb] 　名 カニ
- **oyster** [ɔ́istər] 　名 カキ
- **clam** [klǽm] 　名 二枚貝　*ハマグリ、アサリなど。

☐ **squid** [skwíd]		名 イカ
☐ **frozen foods**		名 冷凍食品
❶ ☐ **dip** [díp]		名 ディップ

＊ポテトチップやトルティーヤをつけて食べるソースのこと。

❖ 料理をする

☐ **cut** [kʌ́t]		動 切る
❷ ☐ **chop** [tʃáp]		動 みじん切りにする
☐ **slice** [sláis]		動 薄く切る；スライスする
❼ ☐ **grate** [gréit]		動 おろす；すりつぶす
☐ **peel** [píːl]		動 皮をむく
☐ **stir** [stə́ːr]		動 かきまぜる
☐ **pour** [pɔ́ːr]		動 注ぐ
☐ **sauté** [soutéi]		動 ソテー（炒め物）にする
❹ ☐ **add A to B**		AをBに付け加える
☐ **mix A and B**		AとBを混ぜ合わせる
☐ **bake** [béik]		動 天火で焼く；オーブンで焼く
☐ **boil** [bɔ́il]		動 ゆでる；沸騰させる
☐ **fry** [frái]		動 フライにする；油で揚げる
☐ **steam** [stíːm]		動 蒸す；ふかす

生活語5

- ☐ **grill** [gríl] 動 網焼きにする；直火で焼く
- ☐ **roast** [róust] 動 ローストする；あぶる
- ☐ **microwave** [máikrouwèiv] 動 電子レンジで加熱する
- ☐ **broil** [brɔ́il] 動 直火で焼く；網焼きにする
- ☐ **scramble** [skrǽmbl] 動 (卵を)かきまぜながら焼く

❖ 台所用品

- ☐ **kitchen utensils** 台所用品；調理用品
  * utensils [juːténsəlz] 単独でも同様の意味で使える。
- ☐ **cup** [kʌ́p] 名 カップ
- ☐ **plate** [pléit] 名 皿
- ☐ **saucer** [sɔ́ːsər] 名 ソーサー；カップの受け皿
- ☐ **glass** [glǽs] 名 グラス；コップ
- ☐ **mug** [mʌ́g] 名 マグカップ
- ☐ **bowl** [bóul] 名 ボウル
- ☐ **chopsticks** [tʃápstìks] 名 箸
- ☐ **saucepan** [sɔ́ːspæ̀n] 名 片手鍋；ソースパン
- ☐ **frying pan** フライパン
- ☐ **kettle** [kétl] 名 やかん
- ☐ **blender** [bléndər] 名 ミキサー

! 日本語と呼び名が違うので注意。英語のmixerは「泡立て器」のこと。

生活語 6　レストラン
[Restaurant]

テーブルについて、ウエーターやウエートレスと話すつもりで覚えましょう。メニューの内容がわからないときは**recommend**（勧める）を使ってお勧め料理を聞くのが簡単です。肉は**well-done**（よく焼いた）、**medium**（中くらいの焼き加減の）、**rare**（生焼けの）と焼き具合を指定します。ワインは**sweet**（甘口の）、**dry**（辛口の）、**fruity**（フルーティな）を使って好みのものかどうか確かめましょう。お勘定は**check**で、**Check, please.**（お勘定をお願いします）を覚えておくだけで大丈夫です。

- waiter
- steak
- soup
- salad
- wine

生活語6

例文

A: How would you like your ①whiskey then?
B: ②On the rocks with a twist.
A：ウイスキーはどのように召し上がりますか。
B：オンザロックにレモンをたらしてください。

A: What wine do you ③recommend then?
B: The Cabernet Sauvignon is nice, and quite ④dry.
A：それではどのワインがお勧めですか。
B：このカベルネ・ソービニョンはとてもすばらしく、かなり辛口です。

A: Is that ⑤for here?
B: Yes, and could you add one more ⑥order of rice?
A：それは店内で食べられますか。
B：ええ、それからライスのおかわりをおねがいできますか。

⑦Today's special is pork ⑧tenderloin with tomato and pepper sauce.
本日の特別料理は、トマトとペッパーのソースのポーク・テンダーロインです。

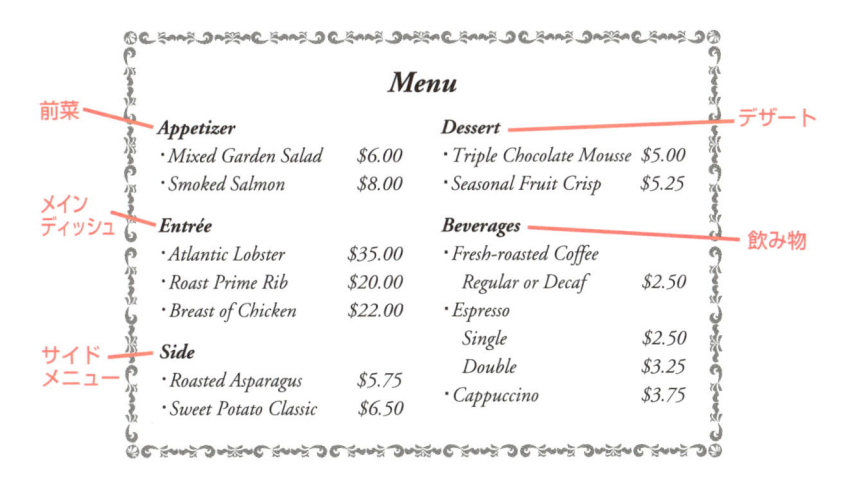

Menu

Appetizer ― 前菜
- Mixed Garden Salad $6.00
- Smoked Salmon $8.00

Entrée ― メインディッシュ
- Atlantic Lobster $35.00
- Roast Prime Rib $20.00
- Breast of Chicken $22.00

Side ― サイドメニュー
- Roasted Asparagus $5.75
- Sweet Potato Classic $6.50

Dessert ― デザート
- Triple Chocolate Mousse $5.00
- Seasonal Fruit Crisp $5.25

Beverages ― 飲み物
- Fresh-roasted Coffee
    Regular or Decaf $2.50
- Espresso
    Single $2.50
    Double $3.25
- Cappuccino $3.75

ワードリスト

CD 2 Track-12

❖ 欧米の基本メニュー

- **appetizer** [ǽpətàizər] 　名 前菜；アペタイザー
  *starterということも。欧米のレストランではふつう、前菜のほか、soup（スープ）、salad（サラダ）、main dish / entrée（主菜）、side dish（副菜）、dessert（デザート）という構成をとる。

- **aperitif** [ɑːpèrətíːf] 　名 食前酒；アペリティフ

- **entrée** [ɑ́ːntrei] 　名 メインディッシュ

- **dessert** [dizə́ːrt] 　名 デザート

- **stew** [stjúː] 　名 シチュー　*発音注意

- **local food** 　地元料理

❼ - **today's special** 　今日のお勧め料理

- **vegetarian** [vèdʒətέəriən] 　形 菜食主義の　名 菜食主義者

❸ - **recommend** [rèkəménd] 　動 勧める
  *What do you **recommend**?（何がお勧めですか）は必須フレーズ。名詞形を使ってWhat's your **recommendation**?（お勧めは何ですか）と聞いてもいい。

❻ - **order** [ɔ́ːrdər] 　名 注文　動 注文する

❖ 肉料理

- **steak** [stéik] 　名 ステーキ　*発音注意

- **roast beef** 　ローストビーフ

生活語6

- [ ] **prime rib** プライムリブ
- [ ] **sirloin** [sə́ːrlɔin] 名 サーロイン ＊牛の腰上部の肉。
- ❽ [ ] **tenderloin** [téndərlɔ̀in] 名 テンダーロイン
  ＊牛や豚の腰部のやわらかい肉。
- [ ] **rare** [réər] 形 レア（生焼けの）
- [ ] **medium** [míːdiəm] 形 ミディアム
- [ ] **well-done** [wél-dʌ́n] 形 ウエルダン（よく焼いた）

> ❗ rareとmediumの中間がよければ、medium-rareと注文できる。

❖ 魚料理

- [ ] **seafood dish** 海鮮料理
- [ ] **seasonal fish** 季節の魚 ＊seasonal [síːzənl]
- [ ] **broiled fish** 焼き魚
- [ ] **raw oysters** 生牡蠣

❖ 中華料理

- [ ] **dim sum** [dím sʌ́m] 点心；飲茶
- [ ] **dumpling** [dʌ́mpliŋ] 名 餃子
- [ ] **spring roll** 春巻
- [ ] **fried rice** チャーハン ＊fried noodles（焼きそば）

❖ 飲み物

☐ **beverage** [bévəridʒ]	名 飲み物
☐ **cocktail** [káktèil]	名 カクテル
❶ ☐ **whiskey** [hwíski]	名 ウイスキー
❷ ☐ **on the rocks**	オンザロック
☐ **beer** [bíər]	名 ビール
☐ **gin and tonic**	ジントニック
☐ **soft drink**	ソフトドリンク

❖ 味覚

☐ **salty** [sɔ́:lti]	形 塩辛い；塩の効いた
☐ **hot** [hát]	形 辛い
☐ **spicy** [spáisi]	形 ピリッと辛い；香辛料の効いた
☐ **sweet** [swí:t]	形 甘い
❹ ☐ **dry** [drái]	形 （ワインなどが）辛口の
☐ **fruity** [frú:ti]	形 フルーティー（な）；果物風味の
☐ **raw** [rɔ́:]	形 生の

生活語6

❖ ファストフード

- [ ] **take out** — (食事を)持ち帰る；テイクアウトする
- [ ] **for here** ❺ — 店内で食べる
- [ ] **to go** — 持ち帰りの
- [ ] **French fries** — フライドポテト
- [ ] **combo** [kámbou] — 名 コンボ(セットメニュー)

> ❗ 店員がEat here or to go?(店内で召し上がりますか、それともお持ち帰りですか)などと聞くので、どちらかを選ぼう。

❖ 外食の必須語

- [ ] **reservation** [rèzərvéiʃən] — 名 予約
- [ ] **party** [pάːrti] — 名 グループ；団体
- [ ] **check** [tʃék] — 名 勘定
  * Check, please. (お勘定をお願いします)
- [ ] **split the bill** — 割り勘にする
- [ ] **refill** [ríːfíl] — 動 (コーヒーなどを)注ぎ足す
- [ ] **dress code** — ドレスコード；服装規定
  * 高級レストランなどに入るための服装の条件のこと。
- [ ] **eat out** — 外食する

> ❗ I'd like to make a reservation for three at seven this evening. (今晩、7時に3人で予約をお願いします)を覚えておけば、ほとんどのケースに応用できる。

生活語 7 車・カーライフ
[Car & Driving]

車のパーツは日英で呼び名が違うものがいくつもあります。「フロントガラス」は**windshield**、「バックミラー」は**rear-view mirror**、「ボンネット」は**hood**、「ウインカー」は**turn signal**、「ハンドル」は**steering wheel**または単に**wheel**です。カタカナが海外で通じないという典型なのでご注意を！　ドライブするときには、**one-way**（一方通行の）、**sign**（標識）、**intersection**（交差点）、**flat tire**（パンク）などが必須の単語です。**gas station**（ガソリンスタンド）で「満タンにして」と言う場合は、**Fill it up.**ですね。お世話になりたくはないですが、「レッカー車」は**tow truck**といいます。

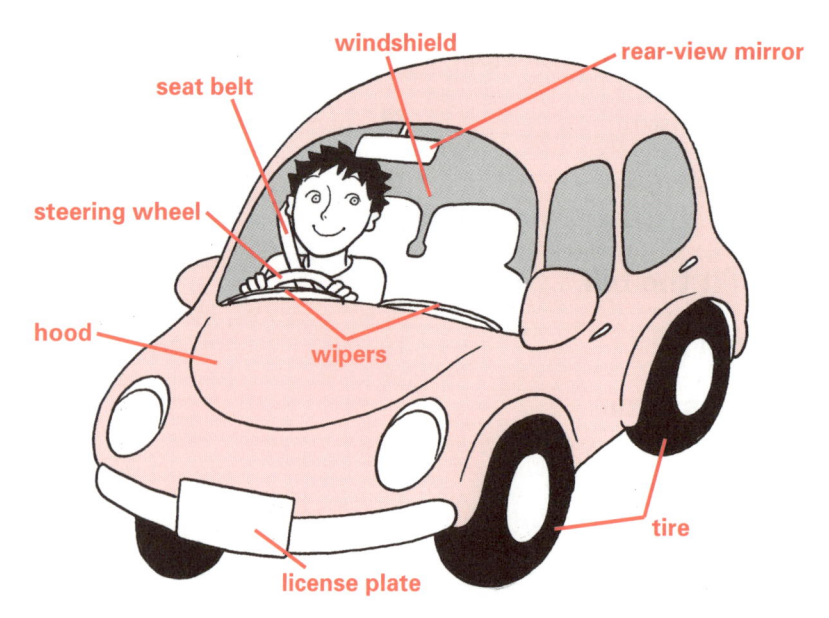

- windshield
- rear-view mirror
- seat belt
- steering wheel
- hood
- wipers
- license plate
- tire

生活語 7

例文

A: How is it driving that ①SUV?
B: OK, but I prefer a ②compact.

A：そのSUVにすればどう？
B：悪くないけど、コンパクトカーのほうがいいな。

The ③windshield ④wipers on this ⑤convertible are useless.

このコンバーチブルについているフロントガラスのワイパーは使いものにならない。

The ⑥fuel gauge on the ⑦instrument panel is not working.

計器パネルの燃料メーターが作動しなくなっている。

A: Pull off the ⑧expressway at the next exit.
B: Are you sure there is a ⑨gas station there?

A：次の出口で高速を降りよう。
B：本当にそこにガソリンスタンドがあるの？

ワードリスト

❖ 車の種類

☐ **vehicle** [víːikl]　　名 車両；（陸上の）輸送手段

☐ **automobile** [ɔ̀ːtəməbíːl]　　名 自動車
　＊「乗用車」に限定したいときはcarを使う。

☐ **van** [vǽn]　　名 小型トラック

☐ **sedan** [sidǽn]　　名 セダン

❶ ☐	**SUV (sport-utility vehicle)** [spɔ́ːrt juːtíləti víːikl]	名 スポーツ用多目的車；スポーツ・ユーティリティ・ビークル
❷ ☐	**compact** [kámpækt]	名 コンパクトカー；小型車
❺ ☐	**convertible** [kənvə́ːrtəbl]	名 コンバーチブル；オープンカー

❖ 車のパーツ

> ❗ 車のパーツの名称はカタカナと異なるものが多いので注意して覚えよう。

❸ ☐	**windshield** [wíndʃiːld]	名 フロントガラス
☐	**rear-view mirror**	バックミラー　＊rear [ríər]
☐	**steering wheel**	ハンドル　＊steering [stíəriŋ]
☐	**hood** [húd]	名 ボンネット
☐	**turn signal**	ウインカー；方向指示灯
☐	**tail light**	テールライト；テールランプ
☐	**horn** [hɔ́ːrn]	名 クラクション
❹ ☐	**wipers** [wáipərz]	名 ワイパー
☐	**brake** [bréik] ＊発音注意。「サイドブレーキ」はemergency **brake**。	名 ブレーキ
☐	**accelerator** [æksélərèitər]	名 アクセル
☐	**transmission** [trænzmíʃən]	名 トランスミッション；変速機
❻ ☐	**fuel gauge** ＊gas gaugeということも。gauge [géidʒ] の発音に注意。	燃料計
❼ ☐	**instrument panel**	計器パネル

生活語 7

- [ ] **glove compartment** グローブボックス；小物入れ
- [ ] **seat belt** シートベルト
- [ ] **driver's seat** 運転席　＊back seat（バックシート）
- [ ] **license plate** ナンバープレート

❖ ドライブ

❽
- [ ] **expressway** [ikspréswèi] 名（有料）高速道路
- [ ] **jammed** [dʒǽmd] 形 渋滞した
  ＊traffic jamで「交通渋滞」。

❾
- [ ] **gas station** ガソリンスタンド
- [ ] **toll booth** （有料道路の）料金所
- [ ] **one-way** [wʌ́n-wéi] 形 一方通行の
- [ ] **sign** [sáin] 名（道路）標識
- [ ] **speeding** [spíːdiŋ] 名 スピード違反
- [ ] **flat tire** パンク ❗英国ではpunctureという。
- [ ] **tow truck** レッカー車
- [ ] **parking lot** 駐車場
- [ ] **fill it up** （ガソリンを）満タンにする
- [ ] **skid** [skíd] 動 スリップする　名 スリップ

生活語 8 パソコン・ネットライフ
[*Computers & the Internet*]

Cut（カットする）、**paste**（ペーストする）、**upgrade**（アップグレードする）、**initialize**（イニシャライズする）——パソコン用語の多くは最近の輸入語なのでカタカナと英語が一致していてとても便利です。一部のカタカナ≠英語の言葉を押さえておくといいでしょう。検索する→**retrieve**、周辺機器→**peripheral**など。ただ英語っぽいのに通じない言葉もあります。メールに「返信する」のは日本語では「レスポンス」ですが、英語では**reply**としか言いません。なお、英語でインターネットと書く場合はtheを付け大文字で始め、**the Internet**となります。「添付書類」は**attachment**と1語で表せます。

- *download*
- *blog*
- *audio files*
- *browse*
- *bookmark*
- *retrieve*

生活語8

例文

A: I'll just ❶bookmark it and we can go back later.
B: At least ❷download that audio file.

A：ブックマークしておくから、後で戻れるよ。
B：その音声ファイルだけはダウンロードしておいてね。

❸Cut and ❹paste your work into the document.
あなたの仕事をその文書にカット＆ペーストしてください。

This e-mail software automatically ❺deletes all ❻spam.
このメールソフトは自動的にすべての迷惑メールを削除します。

On his ❼blog you have to ❽scroll down to find those ❾links.
そのリンクを見つけるには、彼のブログをスクロールダウンしていかなければならない。

Please ❿attach any of those files to your ⓫reply.
返信メールにそれらのファイルのどれでも添付してください。

ワードリスト

❖ 基本操作

- ❸ ☐ **cut** [kʌ́t] 動 （必要個所を）切り取る；カットする
- ❹ ☐ **paste** [péist] 動 （カットまたはコピーしたデータを）貼り付ける；ペーストする；
- ☐ **copy** [kápi] 動 コピーする
- ☐ **save** [séiv] 動 保存する
- ❺ ☐ **delete** [dilíːt] 動 削除する
- ☐ **install** [instɔ́ːl] 動 インストールする；（ソフトを）組み込む
- ☐ **upgrade** [ʌ́pgrèid] 動 アップグレードする；最新の機能・内容にする
- ☐ **initialize** [iníʃəlàiz] 動 初期化する
- ☐ **retrieve** [ritríːv] 動 検索する
- ☐ **activate** [ǽktəvèit] 動 アクティブにする ❗ 機能などを選択して、画面上で操作できるようにすること。
- ☐ **duplicate** [djúːplikət] 動 複製する
- ☐ **embed** [imbéd] 動 埋め込む
- ☐ **start up** （電源を入れて）起動する
  * 「再起動する」はrestartという。
- ☐ **shut down** 電源を切る
- ☐ **burn** [bə́ːrn] 動 （DVDなどにデータを）焼き込む

196

生活語8

- [ ] **scan** [skǽn] 　　動 スキャンする；（画像データなどを）取り込む
- [ ] **icon** [áikɑn] 　　名 アイコン　＊機能を示す絵文字。
- [ ] **font** [fάnt] 　　名 書体；フォント
  ＊文字の「大きさ」はsizeという。
- [ ] **default** [difɔ́:lt] 　　名 初期設定；デフォルト
  ＊パソコンなどの機器の工場出荷時の設定のこと。
- [ ] **plug-in** [plʌ́g-ìn] 　　名 プラグイン
  ＊ソフトの機能拡張のために組み込む部品的なソフトのこと。
- [ ] **hard drive** 　　ハードディスク・ドライブ
- [ ] **peripheral** [pərífərəl] 　　名 周辺機器　＊プリンタやスキャナーなど。
- [ ] **virtual** [və́:rtʃuəl] 　　形 ヴァーチャルな；（コンピュータ上の）仮想現実の

❖ インターネット

- ❷ [ ] **download** [dáunlòud] 　　動 ダウンロードする；（データやソフトを自分のパソコンなどに）取り込む
- [ ] **browse** [bráuz] 　　動 ブラウズする；（ウェブページを）閲覧する
- [ ] **surf** [sə́:rf] 　　動 ネットサーフィンする
  ＊ウェブページを次々に見ていくこと。
- ❸ [ ] **scroll down** 　　スクロールダウンする
  ＊画面の見えない下方を見ていくこと。
- [ ] **site** [sáit] 　　名 サイト；ホームページ

- [ ] **portal** [pɔ́ːrtl]　　　名 ポータル
  * さまざまなサイトにつながっているウェブの入り口のこと。またはそのように機能するサイト。

- [ ] **bookmark** [búkmàːrk]　動 お気に入りに加える；ブックマークする
  　　　　　　　　　　　　　　名 お気に入り；ブックマーク

- [ ] **link** [líŋk]　　　　名 リンク

- [ ] **blog** [blɔ́g]　　　　名 ブログ
  * 日記形式のホームページ。weblogの略。blogを公開する人をbloggerと呼ぶ。

- [ ] **thread** [θréd]　　　名 スレッド
  * メーリングリストなどで、特定の話題に対する投稿の集まり。

- [ ] **trackback** [trǽkbæk]　名 トラックバック
  * 他人のブログの記事に自分のブログへのリンクをはる機能またはその行為。

- [ ] **online** [ánláin]　　名 形 副 オンライン（の）（で）

- [ ] **search engine**　　　サーチエンジン
  * GoogleやYahooに代表されるオンライン検索機能。

  > ! 形容詞として online shopping、副詞として order online などと使える。

- [ ] **ISP (Internet service provider)**
  [íntərnèt sə́rvis prəváidər]　名 プロバイダー

- [ ] **sign in**　　　　サインインする
  * passwordとIDを入力してサイトに入ること。「新規登録する」ときにはsign upという。

- [ ] **authorize** [ɔ́ːθəràiz]　動 許可する
  * サイトに入ることをパスワードとIDで許可すること。

- [ ] **cart** [káːrt]　　　名 買い物カゴ；カート
  * ネットショッピングのカートのこと。View Cartというボタンは「買い物カゴを見る」。

生活語8

- [ ] **Podcast** [pɑ́dkæst]　　　名 動 ポッドキャスト（する）
  * 音声や動画の番組・メニューをiPodなどの携帯プレイヤーに取り込むこと。

❖ メール

- [ ] **account** [əkáunt]　　　名 アカウント
  * 電子メールの使用者を識別する記号・数字。
- ❿ [ ] **attach** [ətǽtʃ]　　　動 添付する
- ⓫ [ ] **reply** [riplái]　　　動 返信する　名 返信
  * 英語ではレスポンスとは言わない。
- [ ] **forward** [fɔ́:rwərd]　　　動 転送する
- [ ] **subject** [sʌ́bdʒikt]　　　名 （メールの）件名
- ❻ [ ] **spam** [spǽm]　　　名 スパム；迷惑メール
  * 大量に送られる広告メールのこと。
- [ ] **text messaging**　　　簡易メール；携帯メール

! 添付ファイルはattached fileまたはattachmentという。

199

生活語 9

マネー・買い物
[*Money & Shopping*]

短い海外旅行でもお金とは切っても切れない関係です。円をドルに**exchange**（両替）するときには、**bill**（紙幣）と同時に**change**（小銭）ももらうようにするといいでしょう。**exchange rate**（為替レート）の動向もしっかりチェック！ グローバルな銀行に**account**（口座）を持っているなら、**cash**（現金）を持ち歩かずに、ATMから必要額を**withdraw**（引き出す）のも手ですね。お店で**credit card**が使えるかどうかは**Do you accept xxx card?**（×××カードが使えますか）と聞いてみましょう。カードを利用したときには売上票などに**signature**（署名）を求められます。

- cashier
- credit card
- checkout counter
- price tag

生活語9

例文

A: Do you have any small ①bills with you?
B: No, I only have a couple of 20-pound ②notes.

A：小額のお札を持っていますか。
B：いいえ、20ポンド札が2枚あるだけです。

You get one free ③transfer a month with this bonus ④savings account.

このボーナス預金口座をお持ちになれば、月1回の送金が無料になります。

You can also use the ⑤ATM to ⑥remit payment.

送金には現金自動預払機を使うこともできます。

A: I'd like to rebalance my ⑦portfolio a bit.
B: Well, government ⑧bonds are a safe ⑨investment.

A：ポートフォリオを少し調整したいのですが。
B：それでしたら、国債が安全な投資ですよ。

A: Is this ⑩coupon still good for here?
B: Yes, on anything with a red or blue ⑪price tag.

A：このクーポンはまだここで使えますか。
B：ええ、赤か青の値札の商品どれにでも使えます。

What is the ⑫expiration date on your ⑬credit card, ma'am?

お客様、クレジットカードの有効期限はいつでしょうか。

You must have the ⑭receipt or we cannot give you a ⑮refund.

領収書をお持ちでないと、返金をいたしかねます。

ワードリスト

❖ お金

① ☐ **bill** [bíl] 　　　名 紙幣；札

② ☐ **note** [nóut] 　名 紙幣；札

☐ **coin** [kɔ́in] 　　名 硬貨

☐ **cash** [kǽʃ] 　　名 現金；キャッシュ

☐ **currency** [kɔ́ːrənsi] 　名 通貨
＊U.S. dollars、yen、euroなど国別のお金を指す。

☐ **cost** [kɔ́ːst] 　　動 (お金が) かかる
＊This car **costs** ten thousand dollars.（この車は1万ドルだ）

☐ **exchange** [ikstʃéindʒ] 　動 両替する；交換する　名 両替；交換
＊**exchange** rate （為替レート）

☐ **change** [tʃéindʒ] 　名 おつり；小銭

!「おつり」と「小銭」のどちらの意味でも使う。「小銭」はsmall changeともいう。

❖ 銀行

④ ☐ **savings account** 　普通預金口座

☐ **checking account** 　当座預金口座

☐ **time deposit** 　定期預金

☐ **check** [tʃék] 　名 小切手；チェック

☐ **passbook** [pǽsbùk] 　名 預金通帳

☐ **deposit** [dipázit] 　名 預金　動 預金する

生活語9

- □ **withdraw** [wiðdrɔ́ː]　　動 (現金を) 引き出す
  * 名詞形はwithdrawal。

❸ □ **transfer** [trǽnsfər | -´-]　名 送金；振り込み　動 送金する；振り込む

❻ □ **remit** [rimít]　　動 送金する　*「送金」はremittance。

❺ □ **ATM (automatic teller machine)**
　　　　　名 現金自動預払機

□ **PIN (personal identification number)**
　　　　　名 暗証番号
　* PIN numberと呼ぶことも。

□ **charge** [tʃɑ́ːrdʒ]　　動 請求する；勘定につける　名 料金
　* We'll **charge** this amount to your credit card.
　（この金額はお客様のクレジットカードに請求します）

□ **interest rate**　　金利　* interest単独で使うこともある。

❖ 投資

❾ □ **investment** [invéstmənt]　名 投資　*invest（投資する）

□ **stock** [stɑ́k]　　名 株式　　!「株式」はsecurityともいう。上場株はlisted stock / share。

❽ □ **bond** [bɑ́nd]　　名 債券
　*「国債」はgovernment **bond**という。

□ **futures** [fjúːtʃərz]　　名 先物

❼ □ **portfolio** [pɔːrtfóuliòu]　名 ポートフォリオ
　* 保有する金融資産の組み合わせのこと。

□ **mutual funds**　　投資信託
　* mutual [mjúːtʃuəl]。株・債券の多数の組み合わせに投資できる商品。

- [ ] **IPO (initial public offering)** 名 株式公開；新規上場
  * 「上場する」はgo public、「上場させる」はlistという。

- [ ] **shareholder / stockholder** 名 株主
  [ʃéərhòuldər]　　　[stákhòuldər]

- [ ] **dividend** [dívədènd]　　名 (株式などの) 配当

- [ ] **bull** [búl]　　形 強気筋の
  > ❗ 雄牛のbullは市場が上昇基調であることを示す。反意語はクマのbear（弱気筋の）

❖ 買い物をする

- [ ] **look for**　　（商品を）探す
  * I'm **looking for** a leather jacket.（皮のジャケットを探しています）

- [ ] **take** [téik]　　動 買う
  > ❗ 「これをいただきます」はI'll take this.と言えばいい。I'm just looking.（見ているだけです）と言えば店員に買う意志のないことを示せる。

- [ ] **pay** [péi]　　動 支払う

- [ ] **accept** [æksépt]　　動 (クレジットカードなどを) 受け付ける
  * We **accept** all major credit cards.（主なクレジットカードは使えます）

- [ ] **traveler's check**　　旅行小切手；トラベラーズチェック

⓭ - [ ] **credit card**　　クレジットカード
  * card単独でもよく使う。

⓬ - [ ] **expiration date**　　（クレジットカードなどの）有効期限
  * expiration [èkspəréiʃən]。動詞のexpireは「期限が切れる」の意。

- [ ] **valid** [vǽlid]　　形 有効な　*反意語はinvalid（無効な）。

- [ ] **signature** [sígnətʃər]　　名 署名；サイン
  * 有名人のサインはautographという。

生活語⑨

- **tax-free** [tǽks-fríː] 形 免税の
  *このfreeは「〜を免れた」の意。freeには「無料の」という意味もある。

- **wrap** [rǽp] 動 包装する

- ⑭ **receipt** [risíːt] 名 領収書；レシート

- **warranty** [wɔ́ːrənti] 名 保証（書）
  *five-years **warranty**なら「5年保証」。

- **expensive** [ikspénsiv] 形 高価な；値段が高い

- **inexpensive** [ìnikspénsiv] 形 値段が安い

> ❗ cheapも「安い」だが、「安っぽい」のニュアンスが入ることもある。reasonableなら「適正な値段の；お手ごろ価格の」。

- **sale** [séil] 名 バーゲン　*bargainもほぼ同意。

- ⑪ **price tag** 値札　*tag priceなら「定価；正札価格」。

- **checkout counter** レジ（カウンター）

- **cashier** [kæʃíər] 名 レジ係（の人）

- **shipping and handling charges** 発送手数料

- ⑩ **coupon** [kúːpɑn] 名 クーポン券

- **discount** [dískaunt] 名 ディスカウント　動 ディスカウントする
  *「値切る」はhaggleという。

- **mark down** 値引きする；値下げする
  *mark upなら「値上げする」。

- ⑮ **refund** [rifʌ́nd] 動 返金する　名 [ríːfʌnd] 返金

- **replace** [ripléis] 動 （商品を）交換する
  *replacement（交換）

205

生活語 10 街角・風景・道案内
[*The city, Scenes & Directions*]

街角の英語は、海外で道を聞いたり、日本で道案内（**directions**）したりするときに必要になります。まっすぐ進んで（**go straight**）、最初の角（**corner**）を左に曲がる（**turn left**）と、左手に目印（**landmark**）となるコンビニ（**convenience store**）があります。映画館（**movie theater**）はその近くなので、すぐにわかりますよ（**You can't miss it.**）。こんなふうに言えればバッチリですね。日常語でも日本では中学で学ばない「交差点」→**intersection**、「横断歩道」→**crosswalk**、「自動販売機」→**vending machine**などをしっかり覚えましょう。「デパート」は**department store**と言わないと通じませんよ。

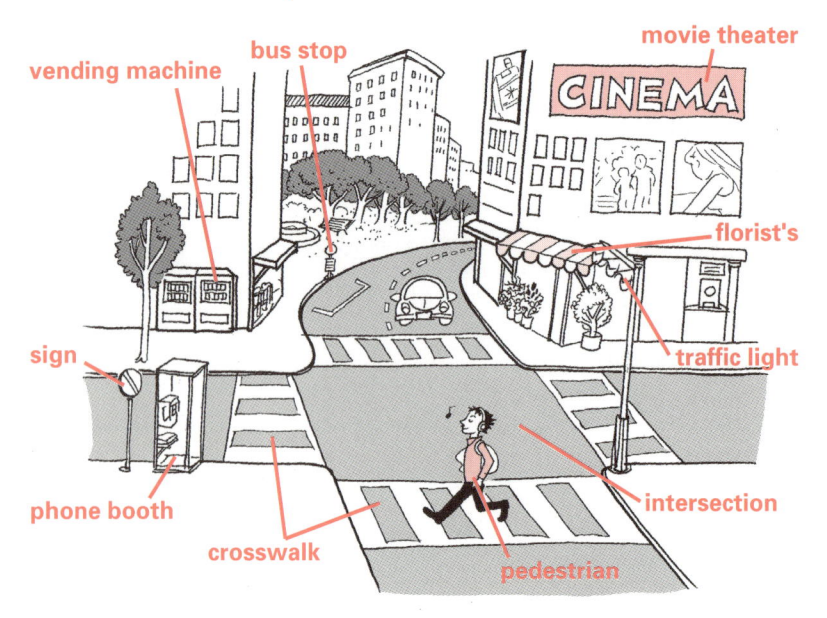

- bus stop
- movie theater
- vending machine
- florist's
- traffic light
- sign
- phone booth
- crosswalk
- pedestrian
- intersection

生活語 10

例文

This 101-①story ②skyscraper is the tallest in Shanghai.
この101階建ての超高層ビルは上海で一番高いものです。

A: Where is Queen's ③Deli?
B: It's on the second ④floor of the ⑤shopping mall ⑥over there.
A：クイーンズデリはどこですか。
B：あちらのショッピングモールの2階です。

A: I hear you moved to the ⑦countryside.
B: Yes, to a small ⑧village because I like fresh air and ⑨nature.
A：田舎に引っ越したそうですね。
B：ええ、新鮮な空気と自然が好きなので、小さな村に越しました。

I always buy my newspaper at a ⑩newsstand and my breakfast at a ⑪convenience store.
私はいつも新聞スタンドで新聞を、コンビニで朝食を買います。

This is a ⑫library. The ⑬museum is over there.
これは図書館です。美術館は向こうです。

⑭Turn right at the first ⑮traffic light and you will find the ⑯bus stop on your right.
最初の信号で右に曲がってください。バス停は右側にあります。

ワードリスト

❖ 街の風景

- **pedestrian** [pədéstriən]　名 通行人；歩行者　形 徒歩の
- **crosswalk** [krɔ́:swɔ̀:k]　名 横断歩道　　❗英国では pedestrian crossing という。
- **corner** [kɔ́:rnər]　名 角
- ⓯ **traffic light**　信号
- **sign** [sáin]　名 標識
- **phone booth**　電話ボックス
- **sidewalk** [sáidwɔ̀:k]　名 歩道
  ＊英国では pavement と呼ぶ。
- **park** [pá:rk]　名 公園
- **fountain** [fáuntən]　名 噴水
- **block** [blák]　名 街の一区画；ブロック
- ⑩ **newsstand** [njú:zstænd]　名（街頭などの）新聞・雑誌の売店
- **vending machine**　自動販売機
- **street light**　街灯　　❗英国では underground や tube と呼ぶ。フランスでは metro。
- ⓰ **bus stop**　バス停
- **taxi stand**　タクシー乗り場
- **subway** [sʌ́bwèi]　名 地下鉄

生活語 10

❖ 建物・店・庁舎

- [ ] **city hall** 　　　　　　　　市役所
- [ ] **post office** 　　　　　　　郵便局
- [ ] **police station** 　　　　　警察署
- ❺ [ ] **shopping mall** 　　　　ショッピングモール
- ⓬ [ ] **library** [láibrèri] 　　　名 図書館
- ⓭ [ ] **museum** [mjuːzíːəm] 　名 博物館;美術館
- [ ] **department store** 　　　デパート
- [ ] **grocery store** 　　　　　食料雑貨店　＊英国ではgrocer'sという。
- [ ] **florist's** [flɔ́ːrists] 　　　名 花屋
- ❸ [ ] **deli** [déli] 　　　　　　　名 デリカテッセン;調整食品店;惣菜屋
  ＊delicatessenの略。
- ⓫ [ ] **convenience store** 　コンビニ
- [ ] **movie theater** 　　　　　映画館
- ❷ [ ] **skyscraper** [skáiskrèipər] 　名 超高層ビル
- [ ] **skyline** [skáilàin] 　　　名 スカイライン
  ＊空を背景にした建物の輪郭のこと。
- ❶ [ ] **story** [stɔ́ːri] 　　　　　名 (建物の) 階
- ❹ [ ] **floor** [flɔ́ːr] 　　　　　　名 階;フロア
  ＊各階の平面・内容を表すのに使う。なお、first **floor**は米国では1階だが、英国では2階を指す。英国で1階はground **floor**。

> ! 7-story building (7階建てのビル) のように、建物の階数を表現するときに使う。

❖ 道案内

- [ ] **go straight**　　　まっすぐに行く

⑭ - [ ] **turn** [tə́ːrn]　　　動 曲がる
  * **turn** right / left（右に／左に曲がる）

- [ ] **landmark** [lǽndmàːrk]　　名（道案内で）目印となるもの

- [ ] **can't miss**　　　見逃さない　　❗ You can't miss it.（間違いなくわかりますよ）のように使う。

- [ ] **lost** [lɔ́ːst]　　　形 道に迷った

❻ - [ ] **over there**　　　向こうに

- [ ] **next to**　　　〜の隣に
  * Our company is **next to** the gas station.
  （弊社はガソリンスタンドの隣です）

- [ ] **in front of**　　　〜の前に
  * Let's meet **in front of** City Hall.（市役所の前で待ち合わせましょう）
  「〜の後ろに」はat the rear ofなどを使う。

- [ ] **across the street**　　　通りの向かい側に

- [ ] **directions** [dirékʃənz]　　　名 道案内
  * directionと単数なら「方向」の意。

生活語 10

❖ 田舎と自然

- □ **suburb** [sʌ́bəːrb] 　名 郊外
  * 「都心」はcity centerなどという。

❼ □ **countryside** [kʌ́ntrisàid] 　名 田舎

❽ □ **village** [vílidʒ] 　名 村

- □ **rural** [rúərəl] 　形 田舎の
  * 反意語はurban（都会の）。

- □ **landscape** [lǽndskèip] 　名 風景

❾ □ **nature** [néitʃər] 　名 自然

- □ **path** [pǽθ] 　名 小道；散歩道

- □ **farm** [fɑ́ːrm] 　名 農場

- □ **field** [fíːld] 　名 野原

- □ **valley** [vǽli] 　名 谷；渓谷

- □ **woods** [wúdz] / **forest** [fɔ́ːrist] 　名 森

- □ **lake** [léik] 　名 湖

- □ **hill** [híl] 　名 丘

- □ **seashore** [síːʃɔ̀ːr] 　名 海岸

生活語 11 トラベル・ホテル
[*Traveling & Hotel*]

旅 の英語は、空港・機内・ホテルなどのシーンで重要語が決まっています。「荷物」→**luggage**、「目的地；行き先」→**destination**、「便」→**flight**、「搭乗券」→**boarding pass**、「税関」→**customs**などが空港での頻出語です。機内では、「ヘッドホン」→**headset**、「毛布」→**blanket**、「通路側の席」→**aisle seat**（aisleの発音はアイル）、「座席の正位置」→**upright position**などがわかるようにしておきたいですね。ホテルでの盲点は何と言っても「モーニングコール」→**wake-up call**でしょう。朝食などで**smorgasbord**と言われれば、好きなものを選んで食べる「ビュッフェ形式」のことです。旅行の言葉は簡単なフレーズに載せて使えるようにしておくと便利です。

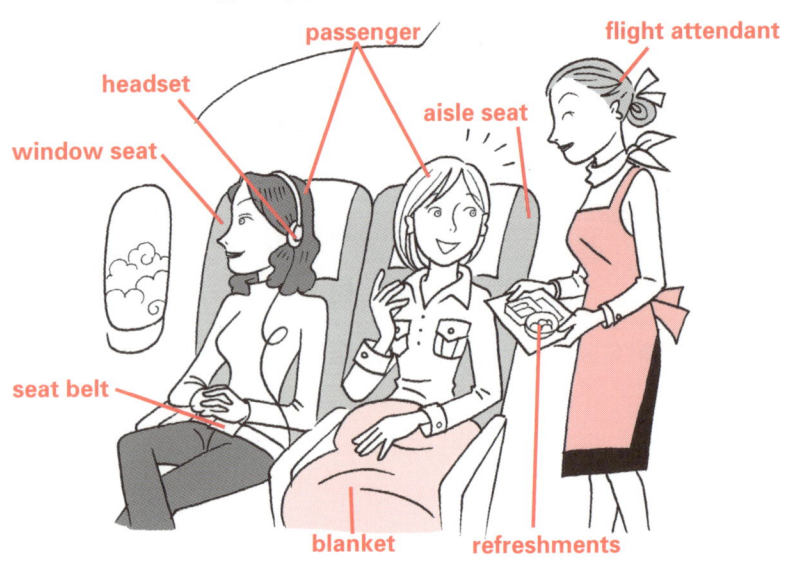

- passenger
- flight attendant
- headset
- aisle seat
- window seat
- seat belt
- blanket
- refreshments

生活語 11

例文

A: Is my ①luggage checked through to Athens?
B: No, you must claim your bags at the ②baggage claim in Amsterdam.
A：私の荷物はアテネに届くよう手配されていますか。
B：いいえ、アムステルダムの手荷物受取所で荷物を受け取らなければなりません。

Here's your ③boarding pass, and your ④flight ⑤departs from ⑥Gate 25C.
こちらが搭乗券です。お客様のフライトは25番Cゲートから出発いたします。

Is there a ⑦duty-free shop after ⑧immigration?
入国審査窓口の先に免税店はありますか。

Make sure your seats are in the ⑨upright position for ⑩takeoff.
離陸しますので、座席を正位置にお戻しください。

Which do you prefer, an ⑪aisle or a ⑫window seat?
通路側の席と窓側の席のどちらがよろしいですか。

We'd like to ⑬extend our ⑭stay for two more nights, if possible.
可能でしたら、あと2晩滞在を延ばしたいのですが。

We have a ⑮reservation, and here's the ⑯confirmation slip.
私たちは予約しています。これが確認書です。

I think we should hit the ⑰cathedral first and then the ⑱market.
まず大聖堂に行って、それから市場に行きましょう。

ワードリスト

❖ 空港

- ❹ ☐ **flight** [fláit]　　　名 便；フライト
  - ＊「便名」は **flight** number という。

- ☐ **check-in counter**　　チェックインカウンター

- ☐ **destination** [dèstənéiʃən]　名 目的地；到着地

- ❸ ☐ **boarding pass**　　搭乗券

- ☐ **passport** [pǽspɔːrt]　　名 パスポート；旅券

- ☐ **visa** [víːzə]　　名 ビザ；査証

> ❗「有効期限」は expiration date、「発行地」は place of issue、「国籍」は nationality である。

- ❶ ☐ **luggage / baggage**　名 (手) 荷物
  - [lʌ́gidʒ]　　[bǽgidʒ]

- ☐ **delay** [diléi]　　名 遅れ；遅延

> ❗ carry-on baggage で「機内持ち込み手荷物」。「キャリングカー」は luggage carrier という。

- ❺ ☐ **depart** [dipɑ́ːrt]　　動 出発する
  - ＊arrive (到着する)。departure / arrival lobby (出発／到着ロビー)

- ❻ ☐ **gate** [géit]　　名 (出発) ゲート

- ❷ ☐ **baggage claim**　　手荷物受取所

- ❽ ☐ **immigration** [ìməgréiʃən]　名 入国審査

> ❗ passport control ともいう。「入国審査用紙」は immigration form という。

- ☐ **customs** [kʌ́stəmz]　　名 税関
  - ＊「税関申告書」は **customs** declaration form である。

- ☐ **declare** [dikléər]　　動 申告する

- ❼ ☐ **duty-free shop**　　免税店

生活語11

❖ 機内

⓫⓬ ☐ **aisle / window seat**　　通路側／窓側の席
＊aisle [áil] の発音に注意。

☐ **passenger** [pǽsəndʒər]　　名 乗客

☐ **crew** [krúː]　　名 乗務員

☐ **fasten** [fǽsn]　　動 締める

> ❗ 発音注意。fasten one's seat belt（シートベルトを締める）は定番フレーズ。

❾ ☐ **upright position**　　（座席の）まっすぐの位置

☐ **headset** [hédsèt]　　名 ヘッドホン

☐ **blanket** [blǽŋkit]　　名 毛布

☐ **pillow** [pílou]　　名 枕

☐ **altitude** [ǽltətjùːd]　　名 高度
＊cruising **altitude**（巡航高度）

☐ **refreshments** [rifréʃmənts]　　名 軽食；スナック
＊snacks ともいう。

☐ **vacant / occupied**　　形 （トイレが）空いている／使用中の
[véikənt]　[άkjupàid]

☐ **turbulence** [tə́ːrbjuləns]　　名 （飛行機の）揺れ；乱気流

❿ ☐ **takeoff** [téikɔ̀ːf]　　名 離陸
＊take off で「離陸する」、land で「着陸する」。landing なら「着陸」。

☐ **transfer** [trǽnsfəːr]　　名 （空港での飛行機の）乗り換え

☐ **jet lag**　　時差ぼけ

❖ ホテル

- ⑭ ☐ **stay** [stéi] — 名 滞在　動 滞在する
- ⑮ ☐ **reservation** [rèzərvéiʃən] — 名 予約
  * make a **reservation**（予約する）
- ☐ **check in** — チェックインする
  * check out（チェックアウトする）
- ☐ **fill out** — 記入する
- ☐ **form** [fɔ́ːrm] — 名 書式；用紙；フォーム
- ⑯ ☐ **confirmation slip** — （ホテルの予約などの）確認書
- ☐ **per night** — 1泊につき
  * $120 **per night**（1泊120ドル）
- ⑬ ☐ **extend** [iksténd] — 動 （滞在期間を）延ばす
- ☐ **accommodations** [əkɑ̀mədéiʃənz] — 名 （宿泊）施設　*通例、複数。
- ☐ **reception desk** — フロント
- ☐ **wake-up call** — モーニングコール

  ❗モーニングコールはカタカナ（和製）英語で通じない。

- ☐ **porter** [pɔ́ːrtər] — 名 ポーター
- ☐ **concierge** [kɑ̀nsiɛ́ərʒ] — 名 コンシェルジュ
  * ホテルの接客サービス係。

  ❗もちろんbuffetも使える。あらかじめ用意された料理から好きなものを選ぶ形式のこと。

- ☐ **valuables** [vǽljuəblz] — 名 貴重品　*複数形で使う。
  * personal belongingsは「私物」の意。
- ☐ **smorgasbord** [smɔ́ːrɡəsbɔ̀ːrd] — 名 ビュッフェスタイルの食事

生活語11

❖ 観光

- **sightseeing spot** 観光スポット
- **local tour** 現地ツアー
- **castle** [kǽsl] 名 城
- ⑰ **cathedral** [kəθíːdrəl] 名 大聖堂
- **palace** [pǽlis] 名 宮殿
- **church** [tʃə́ːrtʃ] 名 教会
- **temple** [témpl] 名 寺院
- **shrine** [ʃráin] 名 神社
  - ＊Heian **Shrine**（平安神宮）のような日本の神社だけでなく、外国でも聖人や英雄の廟をshrineと呼ぶ。
- **cemetery** [sémətèri] 名 (共同) 墓地
  - ＊national **cemetery**（国立墓地）。
- **statue** [stǽtʃuː] 名 彫像
- ⑱ **market** [máːrkit] 名 市場；マーケット
- **aquarium** [əkwέəriəm] 名 水族館　＊「動物園」はzoo [zúː]。
- **amusement park** 遊園地
  - ＊amusement [əmjúːzmənt]は「楽しみ；娯楽」の意。
- **waterfall** [wɔ́ːtərfɔ̀ːl] 名 滝
- **highland** [háilənd] 名 高原

生活語 12 ビジネスライフ
[*Business*]

ビジネスニュースを見たり、オフィスで仕事をしたりする感覚で覚えましょう。**company**（企業）の活動は決算数字でわかります。営業が稼いだ総額が**sales**（売り上げ）で、そこから**expenses**（経費）を引くと**profit**（利益）になります。でも、時にマイナスになることもあり、それは**loss**（損失）です。損失が続けば**bankruptcy**（倒産）の恐れも。**listed companies**（上場企業）の業績は**quarter**（四半期）単位で発表されるのがふつうですね。「給与」には**salary**、**wage**、**pay**などいろいろな言い方があります。なお、日本でペンションと言えば洋風民宿ですが、英語の**pension**は「年金」のこと。リストラは解雇と同義で使われていますが、英語では「解雇」は**layoff**です。**restructuring**と言えば、人事も含めた組織・事業改革のことを指します。

- manager
- CEO
- business card
- stapler
- calculator
- organizer
- Post-it

例文

A: There seems to be many new ①employees here.
B: The ②company has ③hired ④sales representatives for the China ⑤project.

A：ここには新しい社員が大勢いらっしゃるようですね。
B：会社が中国プロジェクトのため販売担当者を採用したところなんです。

The ⑥corporation has its ⑦headquarters in Mumbai.
その会社の本社はムンバイにある。

⑧Customer service at this ⑨branch has always been excellent.
この支店の顧客サービス部はいつも優秀に仕事をこなしてきました。

The ⑩banking industry seems to have a serious ⑪public relations problem.
銀行業界は深刻な広報の問題を抱えているようだ。

These ⑫electricians in this ⑬union get good ⑭wages and ⑮benefits.
この組合に所属する電気技師たちはよい賃金と給付を受けている。

A: Can I borrow your ⑯calculator again?
B: Sure. Can I help you out with any of that ⑰paperwork?

A：もう一度、計算機を貸してくれませんか。
B：いいですよ。その書類仕事で何かお手伝いしましょうか。

I'm now in ⑱negotiations with my ⑲boss about my new ⑳contract.
新しい契約について今上司と交渉中なんです。

Where is that ㉑Post-it I put up about the ㉒meeting?
その会議について私が貼っておいたあの付箋はどこなの？

ワードリスト

CD 2 Track-24

❖ 会社組織

❷ ☐ **company** [kámpəni]　　名 会社；企業
　＊listed **company** なら「上場企業」。multinational **company** なら「多国籍企業」。

❻ ☐ **corporation** [kɔ̀ːrpəréiʃən]　　名 (株式) 会社

❼ ☐ **headquarters** [hédkwɔ̀ːrtərz]　　名 本社；本部
　＊head office ともいう。

❾ ☐ **branch** [bræntʃ]　　名 支社；支店

　☐ **subsidiary** [səbsídièri]　　名 子会社

❖ ポストと人事

⓳ ☐ **boss** [bɔ́ːs]　　名 上司

　☐ **co-worker** [kóu-wə̀ːrkər]　　名 同僚

!「上司」はsupervisorともいう。「部下」はsubordinate。

　☐ **applicant** [ǽplikənt]　　名 (求人への) 応募者
　＊candidate (候補者) も似通った意味で使える。

　☐ **apprentice** [əpréntis]　　名 見習 (社員)

　☐ **new recruit**　　新入社員
　＊recruit [rikrúːt] 単独でも同様の意味。

　☐ **manager** [mǽnidʒər]　　名 部・課長；マネジャー

　☐ **director** [diréktər]　　名 取締役
　＊the board of **directors** (取締役会)

生活語 12

- [ ] **president** [prézədənt] 名 社長 ＊「会長」はchairman。
- [ ] **CEO (chief executive officer)** 名 最高経営責任者
  ＊COO (chief operating officer)は「最高執行責任者」。
- ❶ [ ] **employee** [implɔ́ii:] 名 従業員；被雇用者
  ＊employer（雇用主；採用企業）
- [ ] **part-time job** 時間給の仕事
- ❸ [ ] **hire** [háiər] 動 採用する
- [ ] **lay off** 解雇する
  ＊カジュアルな言い方はfire。You are fired.（おまえはクビだ）
- [ ] **promote** [prəmóut] 動 昇進させる
- [ ] **retire** [ritáiər] 動 退職する；引退する
  ＊retirement（退職；引退）
- [ ] **resign** [rizáin] 動 辞職する ＊resignation（辞職）

! 名詞はpromotion（昇進）。反意語はdemote（降格させる）。「昇給」はraiseという。

❖ 給与・福利厚生

- ⓮ [ ] **wage** [wéidʒ] 名 給与；賃金
  ＊payやsalaryも同様の意味で使う。
- ⓯ [ ] **benefits** [bénəfits] 名 給付；福利厚生
  ＊この意味では通例、複数。allowanceは「手当」。
- [ ] **pension** [pénʃən] 名 年金
- [ ] **paid holidays** 有給休暇
- ⓭ [ ] **union** [júːnjən] 名 (労働) 組合

❖ 会社の部門

- **general affairs** 総務
- **personnel** [pə̀:rsənél] 名 人事
- **marketing** [má:rkitiŋ] 名 マーケティング；市場戦略
- **sales** [séilz] 名 販売
- ⓫ **public relations (PR)** 広報（活動）
- **advertising** [ǽdvərtàiziŋ] 名 広告
- **accounting** [əkáuntiŋ] 名 会計
- **finance** [fáinæns] 名 財務
- **R & D (research and development)** [risə́:rtʃ ənd divéləpmənt] 名 研究・開発
- **production** [prədʌ́kʃən] 名 生産；製造
- ❽ **customer service** 顧客サービス

! human resourcesも「人材」のほか、「人事（部）」の意味で使う。

❖ 業種

- ❿ **banking** [bǽŋkiŋ] 名 銀行業
- **travel agency** 旅行代理店
- **publishing** [pʌ́bliʃiŋ] 名 出版
- **broadcasting** [brɔ́:dkæstiŋ] 名 放送
- **manufacturer** [mæ̀njufǽktʃərər] 名 メーカー；製造業者

生活語12

- **utilities** [juːtíləṭiz] 　名 公益事業（体）
- **trading** [tréidiŋ] 　名 貿易；通商

❖ 仕事のいろいろ

- **office worker** 　会社員；事務職員
- **civil service** 　公務員；行政事務
- **accountant** [əkáuntənt] 　名 会計士
- **lawyer** [lɔ́ːjər] 　名 弁護士　＊attorneyともいう。
- ❹ **sales representative** 　販売員
- **architect** [áːrkətèkt] 　名 建築家
- **secretary** [sékrətèri] 　名 秘書
- **professor** [prəfésər] 　名 教授
- **engineer** [èndʒiníər] 　名 エンジニア；技師
- **mechanic** [məkǽnik] 　名 機械工；整備士
- ⓬ **electrician** [ilektríʃən] 　名 電気技術者；電気工
- **carpenter** [káːrpəntər] 　名 大工
- **plumber** [plʌ́mər] 　名 配管工

❖ オフィスワーク

- ⑤ ☐ **project** [prɑ́dʒekt] 　　名 プロジェクト；業務案件
- ㉒ ☐ **meeting** [míːtiŋ] 　　名 会議
- ☐ **presentation** [prèzəntéiʃən] 　　名 プレゼン；発表
- ⑱ ☐ **negotiation** [nigòuʃiéiʃən] 　　名 交渉
- ⑳ ☐ **contract** [kɑ́ntrækt] 　　名 契約（書）
- ☐ **deadline** [dédlàin] 　　名 締め切り；納期
- ☐ **assignment** [əsáinmənt] 　　名 （割り当てられた）業務
- ☐ **appointment** [əpɔ́intmənt] 　　名 （仕事の）約束；アポ
- ☐ **sales** [séilz] 　　名 売り上げ
- ☐ **revenue** [révənjuː] 　　名 収入
- ☐ **profit** [prɑ́fit] 　　名 利益
  * 「粗利益」はgross margin、「純利益」はnet **profit**。
- ☐ **loss** [lɔ́ːs] 　　名 損失
- ☐ **expense** [ikspéns] 　　名 経費
- ☐ **quarter** [kwɔ́ːrtər] 　　名 四半期
- ☐ **bankruptcy** [bǽŋkrʌptsi] 　　名 倒産
- ☐ **competition** [kɑ̀mpətíʃən] 　　名 競争
- ⑰ ☐ **paperwork** [péipərwə̀ːrk] 　　名 書類仕事；ペーパーワーク

! make an appointment（アポをとる）はよく使うフレーズなのでこのまま覚えよう。

生活語 12

❖ デスクの文具

- **stationery** [stéiʃənèri] 　名 文房具　＊文房具の総称。
- **stapler** [stéiplər] 　名 ホチキス
- **ruler** [rúːlər] 　名 定規
- **whiteout** [hwáitàut] 　名 (白い) 修正液
- ㉑ **Post-it** [póust-ìt] 　名 付箋；ポストイット
  ＊もともと3M社の商標だったが、一般名詞化した。
- **Scotch tape** 　セロテープ
  ＊これも3M社の登録商標から。
- **eraser** [iréisər] 　名 消しゴム
- **paper clip** 　クリップ
- ⓰ **calculator** [kǽlkjulèitər] 　名 計算器
- **scissors** [sízərz] 　名 はさみ
- **message pad** 　メモ帳
- **glue stick** 　名 スティックのり
- **organizer** [ɔ́ːrgənàizər] 　名 システム手帳
- **pen** [pén] 　名 ペン；ボールペン
- **business card** 　名刺

> ❗ ball-point pen（ボールペン）はふつうpenと簡単にいうことがほとんど。

生活語 13

からだ・ヘルスライフ
[*Body & Health*]

身体の言葉はビジュアルで覚えるのが一番。自分の身体の部位を英語で言ってみるのがいい勉強になります。「ひたい」→**forehead**、「頬」→**cheek**、「舌」→**tongue**、「おなか」→**abdomen**、「へそ」→**navel**など、中学レベルで出てこない言葉を中心に覚えるといいですね。お医者さんにかかるときは、症状を訴える「風邪」→**cold**、「熱」→**fever**、「下痢」→**diarrhea**、「吐き気がする」→**nauseous**などが必要です。ache（痛み）は便利な言葉で、「体の部位 ＋ ache」であちこちの痛みを表せます。**headache**→「頭痛」、**stomachache**→「腹痛；胃の痛み」、**toothache**→「歯痛」というぐあいです。ちなみに、「注射」は**shot**、「保険」は**insurance**です。

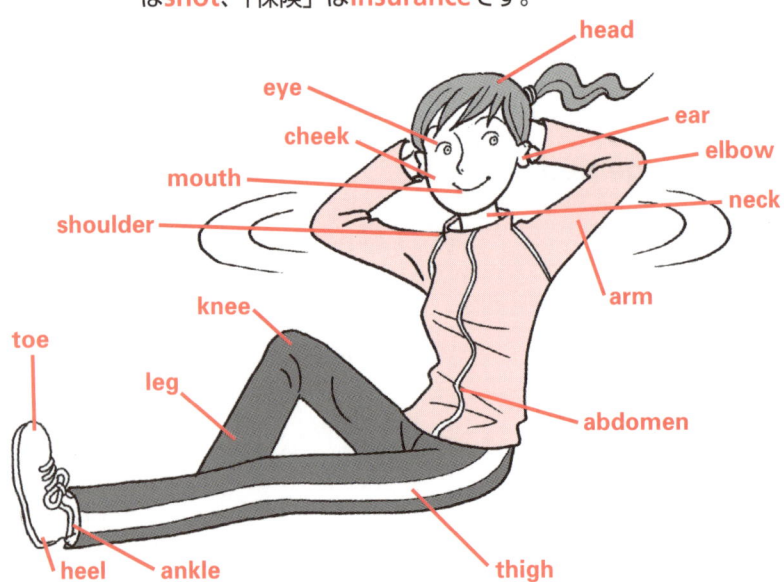

- head
- eye
- cheek
- mouth
- shoulder
- ear
- elbow
- neck
- arm
- knee
- leg
- toe
- heel
- ankle
- abdomen
- thigh

生活語 13

例文

A: My ①head ②hurts. I think I need to lie down.
B: Maybe you should go see a ③doctor.

A：頭が痛い。横になったほうがよさそうだ。
B：医者に行ったほうがいいんじゃないの。

A: The ④X-rays didn't show anything abnormal.
B: So what could be wrong with my ⑤knee then?

A：X線検査では異常はありませんね。
B：それなら、私の膝はどこが悪いのでしょうか。

A: The ⑥aspirin did not work at all.
B: I guess I'll have to give you a stronger ⑦painkiller.

A：アスピリンがまったく効きませんでした。
B：もっと強い鎮痛剤を差し上げましょう。

I stubbed my ⑧toe, then fell and twisted my ⑨ankle.
つまずいて倒れ、足首をねんざした。

The ⑩dentist says I have a ⑪cavity in one of my back teeth.
歯医者が言うには、奥歯の1本が虫歯になっているそうです。

You can fill that ⑫prescription at any ⑬pharmacy.
その処方箋はどこの薬局でも調合してもらえますよ。

We don't go to the ⑭clinic for a simple ⑮cold or ⑯cough.
私たちはちょっとした風邪やせきなら診療所には行きません。

ワードリスト

CD 2 Track-26

❖ 身体の部位

❶ ☐ **head** [héd] 　　　名 頭；頭部
*「ひたい」はforeheadという。

☐ **face** [féis] 　　　名 顔

☐ **eye** [ái] 　　　名 目 　　　! 「まゆ毛」はeyebrow、「睫毛」はeyelash、「まぶた」はeyelidという。

☐ **nose** [nóuz] 　　　名 鼻

☐ **ear** [íər] 　　　名 耳

☐ **cheek** [tʃíːk] 　　　名 頬

☐ **mouth** [máuθ] 　　　名 口
*「くちびる」はlip。「舌」はtongue [tʌ́ŋ] という。

☐ **neck** [nék] 　　　名 首

☐ **shoulder** [ʃóuldər] 　　　名 肩

☐ **arm** [áːrm] 　　　名 腕

☐ **elbow** [élbou] 　　　名 ひじ

☐ **hand** [hǽnd] 　　　名 手 　*wrist（手首）より先の部分を指す。

☐ **finger** [fíŋgər] 　　　名 指 　*「親指」はthumb [θʌ́m] という。

☐ **abdomen** [ǽbdəmən] 　　　名 腹部
*「胸」はchestという。「へそ」はnavel。

☐ **back** [bǽk] 　　　名 背中；腰 　*「尻」はbuttocksという。

生活語13

- [ ] **leg** [lég] 名 脚
- [ ] **thigh** [θái] 名 ふともも
- [ ] **calf** [kǽf] 名 ふくらはぎ
- ❺ [ ] **knee** [níː] 名 ひざ
- ❾ [ ] **ankle** [ǽŋkl] 名 足首
- [ ] **heel** [híːl] 名 かかと
- ❽ [ ] **toe** [tóu] 名 つま先

❖ 内臓

- [ ] **brain** [bréin] 名 脳
- [ ] **lungs** [lʌ́ŋz] 名 肺　＊左右に2つあるので通例、複数。
- [ ] **heart** [háːrt] 名 心臓
- [ ] **liver** [lívər] 名 肝臓
- [ ] **stomach** [stʌ́mək] 名 胃
- [ ] **intestines** [intéstinz] 名 腸　＊通例、複数。
- [ ] **kidney** [kídni] 名 腎臓
- [ ] **bone** [bóun] 名 骨
- [ ] **muscle** [mʌ́sl] 名 筋肉
- [ ] **blood vessel** 血管

> ❗ heart attack といえば「心臓発作」のこと。「脈拍」はpulseという。

❖ 医療サービス

☐ **hospital** [háspitl]	名 病院	
⑭ ☐ **clinic** [klínik]	名 診療所；診療室	
☐ **patient** [péiʃənt]	名 患者	
❸ ☐ **doctor** [dáktər]	名 医師 ◀······	❗ go see a doctor（医者に行く）というフレーズも覚えておこう。

＊「外科医」はsurgeon [sə́ːrdʒən]、「内科医」はphysician [fizíʃən]、「精神科医」はpsychiatrist [sikáiətrist]という。

☐ **nurse** [nə́ːrs]	名 看護師
⑩ ☐ **dentist** [déntist]	名 歯医者
☐ **checkup** [tʃékʌp]	名 健康診断
☐ **thermometer** [θərmámətər]	名 体温計　＊「温度計」の意でも使う。
☐ **shot** [ʃát]	名 注射

＊「点滴」はIVということが多い。

☐ **surgery** [sə́ːrdʒəri]	名 手術　＊operationともいう。	
❹ ☐ **X-ray** [éks-rèi]	名 レントゲン	
☐ **negative** [négətiv]	形 陰性の；病気に感染していない	

＊positive（陽性の；病気に感染している）

⑫ ☐ **prescription** [priskrípʃən]	名 処方箋 ◀······	❗ fill the prescription（薬を調合してもらう）というフレーズも覚えておこう。
⑬ ☐ **pharmacy** [fáːrməsi]	名 薬局	

＊英国ではchemist'sという。

❻ ☐ **aspirin** [ǽspərin]	名 アスピリン

生活語13

- ❼ ☐ **painkiller** [péinkìlər] 　名 鎮痛剤
- ☐ **ambulance** [ǽmbjuləns] 　名 救急車

> ❗ ＜身体の部位＋ache＞で、headache（頭痛）、toothache（歯痛）などと使える。「喉の痛み」はsore throatという。

❖ 病気と症状

- ☐ **ache** [éik] 　名 痛み　動 痛む
- ⓫ ☐ **cavity** [kǽvəti] 　名 虫歯
- ☐ **fever** [fíːvər] 　名 熱
- ⓯ ☐ **cold** [kóuld] 　名 風邪　＊catch a cold（風邪をひく）。
- ⓰ ☐ **cough** [kɔ́ːf] 　名 せき
- ☐ **runny nose** 　鼻水
- ☐ **sneeze** [sníːz] 　名 くしゃみ
- ☐ **flu** [flúː] 　名 インフルエンザ

> ❗ influenzaの簡略化したかたち。

- ☐ **diarrhea** [dàiəríːə] 　名 下痢　＊発音注意
- ❷ ☐ **hurt** [hə́ːrt] 　動 痛い
- ☐ **dizzy** [dízi] 　形 めまいがする
- ☐ **nauseous** [nɔ́ːʃəs] 　形 吐き気がする
- ☐ **bleed** [blíːd] 　動 出血する　＊「血」はblood。
- ☐ **itchy** [ítʃi] 　形 かゆい
- ☐ **injury** [índʒəri] 　名 傷；けが
  ＊「切り傷」はcut、「すり傷」はscratchという。burnは「やけど」。

231

生活語 14

環境・エコライフ
[*Ecology*]

エコライフの第一歩はゴミ出しと省エネですね。ゴミは**burnable**（可燃の）と**unburnable**（不燃の）とに**separate**（分別）します。**recyclable**は「再生可能な」の意で、「資源ゴミ」は**recyclable waste**です。「節約する」という動詞は**save**で、「省エネ」は**energy saving**です。**solar power**（太陽エネルギー）に代表される「代替エネルギー」は**alternative energy**と言います。

windmill (wind power)

solar panel (solar power)

reptile

butterfly

生活語 14

例文

①**Fossil fuels** are the main source of ②**pollution** on this ③**planet**.
化石燃料がこの惑星の汚染の主な原因である。

④**Solar power** is now much more efficient than ⑤**wind power**.
太陽光発電は現在、風力発電よりもずっと効率的だ。

A: You should ⑥**recycle** your newspapers.
B: Where is the recycling ⑦**bin** for that though?
A：新聞はリサイクルしたほうがいいですよ。
B：ですが、そのためのリサイクル分別箱はどこにあるんですか。

This ⑧**butterfly** hasn't adapted to ⑨**environmental** changes and is on the brink of extinction.
この蝶は環境の変化に適応できず、絶滅の危機に瀕している。

ワードリスト

❖ 環境

⑨ ☐ **environmental** [invàiərənméntl] 形 環境の ＊environment（環境）

☐ **save** [séiv] 動 節約する
＊save energy（電力を節約する）

☐ **conserve** [kənsə́ːrv] 動 保護する
＊conserve nature（自然を保護する）

② ☐ **pollution** [pəlúːʃən] 名 汚染；公害

☐ **waste** [wéist]	名 廃棄物；ゴミ	

＊industrial **waste**なら「産業廃棄物」、**waste** collectionなら「ゴミ収集」。

☐ **fertilizer** [fə́ːrtiəlàizər]　　名 肥料

☐ **emission** [imíʃən]　　名 排出

＊zero **emission**（排出ゼロ；排気ガスが出ないこと）

☐ **toxic** [táksik]　　形 有毒な

＊**toxic** chemicals（有毒化学物質）

❶ ☐ **fossil fuels**　　化石燃料

❹ ☐ **solar power**　　太陽エネルギー

❺ ☐ **wind power**　　風力

☐ **nuclear power**　　原子力

＊「地熱発電」はgeothermal powerという。

☐ **gene** [dʒíːn]　　名 遺伝子

☐ **ecosystem** [ékousìstəm]　　名 生態系

☐ **alternative energy**　　代替エネルギー

＊alternative [ɔːltə́ːrnətiv]は「代替の」の意の形容詞。

! fossil fuelsは、coal（石炭）、petroleum（石油）、natural gas（天然ガス）などを指す。

! solarは「太陽の」の意の形容詞。solar cell（太陽電池）、solar system（太陽系）。なお、「月の」はlunarという。lunar age（月齢）。

❖ 野生生物と自然

☐ **tropical rain forest**　　熱帯雨林

☐ **wildlife** [wáildlàif]　　名 野生生物

☐ **endangered species**　　絶滅危惧種　＊species [spíːʃiːz]

☐ **whale** [hwéil]　　名 クジラ

生活語 14

- **mammal** [mǽməl]　　　名 ほ乳類
- **reptile** [réptil]　　　名 は虫類
- **insect** [ínsekt]　　　名 昆虫
- ❽ **butterfly** [bʌ́tərflài]　　　名 蝶　＊「蛾」はmothという。
- **dinosaur** [dáinəsɔ̀ːr]　　　名 恐竜　＊発音注意
- **ice age**　　　氷河期
- ❸ **planet** [plǽnit]　　　名 惑星
  ＊「衛星」はsatellite、「恒星」はstar、「銀河系」はgalaxyという。

❖ ゴミの処理

- **trash** [trǽʃ]　　　名 ゴミ
- **garbage** [gáːrbidʒ]　　　名 生ゴミ
- ❻ **recycle** [rìːsáikl]　　　動 再生する
  ＊形容詞はrecyclable（再生できる；リサイクル可能な）。
- ❼ **bin** [bín]　　　名 ゴミ箱
  ＊recycling bin（リサイクル分別箱）
- **burnable** [báːrnəbl]　　　形 可燃の　＊unburnable（不燃の）
- **littering** [lítəriŋ]　　　名 ゴミのポイ捨て
- **separate** [sépərèit]　　　動 分別する
- **resource** [ríːsɔːrs]　　　名 資源
- **sewage** [súːidʒ]　　　名 汚水；下水

! No litteringは、公園などにある「ゴミのポイ捨て禁止」の表示。

15 文化・スポーツ
[*Culture & Sports*]

生活語

　文化・スポーツの英語はカタカナになっているものが多いので親しみやすいでしょう。ですが、音楽の「クラシック」は**classical music**で微妙に違ったり、「曲」のことを**tune**と言ったりします。また、小説は**novel**ですが、これは「長編小説」のことで、「短編小説」は**short story**と呼びます。スポーツは動詞に注意。球技は**play tennis**のように**play**を使いますが、**do**を使ったり（**do judo**）、goを使ったり（**go camping**）します。**ski**（スキーをする）や**swim**（泳ぐ）、**jog**（ジョギングする）などは動詞単独で使えます。欧米のスポーツのジャンルは日本より広くて、**bridge**（トランプのブリッジ）や**chess**（チェス）、**mahjong**（麻雀）までスポーツに含まれます。また、**spectator sport**という言葉があるように、「参加スポーツ（**participant sport**）」に対して「見るスポーツ」が娯楽形態として日本よりはっきりと確立されています。

sculpture

painting

生活語 15

例文

A: What is the ①exhibit showing at the Art Institute now?
B: It's the "History of Chicago's ②Architecture."
A：その美術館で今、開催されている展覧会は何ですか。
B：「シカゴの建築史」です。

There are so few ③jazz and ④classical music stations now.
今ではジャズやクラシックの音楽専門局はほとんどない。

Simon prefers ⑤non-fiction to ⑥fiction these days.
サイモンは最近ではフィクションよりもノンフィクションを好む。

A: ⑦Soccer is too slow and low scoring for me.
B: Me, too! I much prefer ⑧basketball.
A：サッカーは僕には展開が遅すぎて、点も入らなさすぎる。
B：私もよ！ バスケットボールのほうがずっといいわ。

All ⑨undergraduates have to declare a ⑩major by their second year.
大学生は全員、2年次までに専攻を申告しなければならない。

We get so much more ⑪homework in ⑫junior high.
中学校では宿題はもっとずっと多い。

ワードリスト CD 2 Track-30

❖ アート

❶ ☐ **exhibit** [igzíbit]　　　　　動 展示する　名 展示（会）
　＊exhibition [èksəbíʃən]も「展示（会）」の意。

☐ **painting** [péintiŋ]　　　　名 絵画　＊painter（画家）

☐ **sculpture** [skʌ́lptʃər]　　　名 彫刻　＊sculptor（彫刻家）

☐ **calligraphy** [kəlígrəfi]　　名 書道

❷ ☐ **architecture** [ɑ́ːrkətèktʃər]　名 建築　＊architect（建築家）

☐ **replica** [réplikə]　　　　　名 複製
　＊反意語はoriginal（オリジナル）。

☐ **computer graphics**　　　　コンピュータ・グラフィックス

❖ 音楽

☐ **instrument** [ínstrəmənt]　　名 楽器
　＊musical **instrument**ともいう。instrumentは広義には「器具」の意。

☐ **perform** [pərfɔ́ːrm]　　　　名 演奏する　＊performance（演奏）

❹ ☐ **classical** [klǽsikəl]　　　形 クラシックの ◀・・・

❸ ☐ **jazz** [dʒǽz]　　　　　　　名 ジャズ

☐ **tune** [tjúːn]　　　　　　　名 楽曲 ◀・・・

☐ **lyrics** [líriks]　　　　　　名 歌詞

☐ **composer** [kəmpóuzər]　　名 作曲家

❗「クラシック」と呼ぶのはカタカナ英語。rock（ロック）、jazz（ジャズ）はカタカナと同様。

❗ポップスなどの聞きやすい曲という意味でよく使う。tuneを動詞で使えば「楽器をチューニング（調律する）する」の意。

生活語 15

- ☐ **conductor** [kəndʌ́ktər] 　名 指揮者
- ☐ **symphony** [símfəni] 　名 交響曲
- ☐ **overture** [óuvərtʃər] 　名 序曲

> ! novelはふつう「長編小説」を指す。「短編小説」はshort storyとして区別することが多い。

❖ 読書・文学

- ❻ ☐ **fiction** [fíkʃən] 　名 フィクション；創作
- ❺ ☐ **nonfiction** [nànfíkʃən] 　名 ノンフィクション
- ☐ **novel** [nάvəl] 　名 小説
- ☐ **poetry** [póuitri] 　名 詩
   * 詩ジャンルを指す。個々の「詩」はpoem、「詩人」はpoet。
- ☐ **play** [pléi] 　名 戯曲；演劇
   * 『ハムレット』（*Hamlet*）などの「悲劇」はtragedy、『ヴェニスの商人』（*Merchant of Venice*）などの「喜劇」はcomedyという。
- ☐ **best-selling** [bést-séliŋ] 　形 ベストセラーの；よく売れる
- ☐ **mystery** [místəri] 　名 ミステリー（小説）
- ☐ **biography** [baiάgrəfi] 　名 伝記
   * 「自伝」はautobiographyという。
- ☐ **science fiction** 　SF小説
- ☐ **paperback** [péipərbæk] 　名 ペーパーバック
   * カバーがなく薄紙の表紙で、安価な携帯型の本。
- ☐ **hardcover** [hάːrdkʌvər] 　名 ハードカバー
   * 表紙に厚紙を使った本格的な装丁の本。ふつうカバーも付いている。

❖ スポーツ

> ! 英国ではfootball、米国ではsoccer。「パスをする」はpass、「ヘディングする」はheadという。

- [ ] **baseball** [béisbɔ̀:l]　　名 野球
  *球技の場合ふつう動詞はplayを使う。

- ❼ [ ] **soccer** [sάkər]　　名 サッカー

- [ ] **volleyball** [vάlibɔ̀:l]　　名 バレーボール

- ❽ [ ] **basketball** [bǽskitbɔ̀:l]　　名 バスケットボール

- [ ] **tennis** [ténis]　　名 テニス

- [ ] **golf** [gάlf]　　名 ゴルフ

- [ ] **exercise** [éksərsàiz]　　名 運動；エクササイズ　動 運動する

- [ ] **jogging** [dʒάgiŋ]　　名 ジョギング
  *jog（ジョギングをする）、go **jogging**（ジョギングに行く）

- [ ] **hiking** [háikiŋ]　　名 ハイキング
  *hike（ハイキングをする）、go **hiking**（ハイキングに行く）

- [ ] **camping** [kǽmpiŋ]　　名 キャンプ
  *go **camping**（キャンプに行く）

- [ ] **swimming** [swímiŋ]　　名 水泳　*swim（水泳をする）

- [ ] **skiing** [skí:iŋ]　　名 スキー　*ski（スキーをする）

- [ ] **judo** [dʒú:dou]　　名 柔道
  *do **judo**（柔道をする）。「空手」もdo karateという。

- [ ] **martial arts**　　武道；武術

- [ ] **spectator** [spékteitər]　　名 観戦者；観客
  *英語では「観戦して楽しむスポーツ」のことを**spectator** sportと呼ぶ。

生活語 15

❖ 教育

☐ **kindergarten** [kíndərgàːrtn]	名 幼稚園	
☐ **elementary school**	小学校	
⑫ ☐ **junior high**	中学校	
☐ **high school**	高等学校	
☐ **college** [kálidʒ]	名 大学	

❗ 単科大学や専門学校も含む。universityは通例「総合大学」を指す。なお、higher education（高等教育）といえば、大学以上の教育を指す。

⑨ ☐ **undergraduate** [ʌ̀ndərgrǽdʒuət]　名 大学生；学部学生
　＊freshman（1年生）、sophomore（2先生）、junior（3年生）、senior（4年生）

☐ **graduate** [grǽdʒuət]　名 卒業生；大学院生

⑩ ☐ **major** [méidʒər]　名 専攻　動 専攻する
　＊**major in** economics（経済学を専攻する）

☐ **degree** [digríː]　名 学位

❗ 学士・修士・博士の学位はそれぞれBachelor of Sociology（社会学士）、Master of Business Administration（経営学修士）、Doctor of Medicine（医学博士）などと表す。MBAなどとよく略語で表記される。

☐ **grade** [gréid]　名 成績；評価
　＊「単位」はcreditという。

☐ **class** [klǽs]　名 授業；クラス

☐ **assignment** [əsáinmənt]　名（授業の）課題

⑪ ☐ **homework** [hóumwə̀ːrk]　名 宿題

☐ **pass** [pǽs]　動（試験に）合格する
　＊**pass** the exam（試験に受かる）。「試験に落ちる」はfail the exam。

☐ **examination** [igzæ̀mənéiʃən]　名 試験　＊examと略して使うことも。

生活語 16 ニュース
[News]

　一見すると難しそうな英語ニュースも、いくつかのよく使う単語を覚えると、親しみやすくなります。政治なら、「内閣総理大臣」は**prime minister**、「政府」は**government**、「政治家」は**politician**ですね。「与党」は**ruling party**で、一方の「野党」は**opposition party**と呼びます。経済では、「株価」は**stock price**、「経済成長」は**economic growth**。社会面では、「交通事故」は**car accident**、「犯罪」は**crime**です。新聞の「社説」は**editorial**で、求人欄のような紙面を分割した広告のことを**classified ads**といいます。テレビニュースでも新聞でも、まずは背景のよくわかっている日本のニュースからトライしてみましょう。

- election
- broadcasting
- stock price
- global warming
- car accident

生活語16

例文

A: There's a ❶classified ad here you should look at.
B: The one for a ❷photographer? I've seen it already.
A：この求人広告を見たほうがいいんじゃない？
B：フォトグラファーの広告？ もうそれは見たよ。

❸Stay tuned for the weather forecast after the ❹break.   お知らせの後に天気予報をお伝えします。

The ❺president and the ❻prime minister will meet in Madrid.   大統領と首相はマドリードで会談する。

❼War is once again in the ❽headlines.
戦争がまたマスコミをにぎわしている（見出しに出ている）。

❾Domestic ❿demand has been the engine of ⓫economic growth in this country.
内需はこの国の経済成長の原動力だった。

The ⓬representatives will ⓭vote on the ⓮global warming ⓯legislation.
下院（議員）は地球温暖化法案の採決を行う。

The ⓰candidate showed up on a late-night ⓱talk show.   その候補者は深夜のトークショーに出演した。

A: Did you hear about the bank ⓲robbery?
B: Yes, the ⓳police did a great job catching the guy.
A：あの銀行強盗について聞きましたか。
B：ええ、警察はその男をうまく捕まえましたね。

They say there are more ⓴Muslims in the world than ㉑Christians.
世界のイスラム教徒はキリスト教徒より多いと言われる。

ワードリスト

CD 2 Track-32

❖ 新聞・雑誌

- **newspaper** [njúːzpèipər]　名 新聞
  *口語ではpaperと略されることも多い。

- **magazine** [mæ̀gəzíːn]　名 雑誌

- **daily** [déili]　形 日刊の
  *weekly（週刊の）、monthly（月刊の）、quarterly（季刊の）

- **issue** [íʃuː]　名 号；論点；争点
  *月刊誌の「4月号」ならApril issueと言う。

❽ - **headline** [hédlàin]　名 大見出し；タイトル

- **editorial** [èdətɔ́ːriəl]　名 社説；論説

- **feature** [fíːtʃər]　名 特集（記事）　動 特集する

- **article** [áːrtikl]　名 記事

- **horoscope** [hɔ́ːrəskòup]　名 星占い

❶ - **classified ads**　案内広告；新聞広告

- **journalist** [dʒə́ːrnəlist]　名 ジャーナリスト

- **editor** [édətər]　名 編集者；編集長

❷ - **photographer** [fətágrəfər]　名 写真家；フォトグラファー

! 求人広告や不動産広告など、紙面を小さく分割して掲載している広告のこと。

生活語16

❖ テレビ

- **broadcast** [brɔ́ːdkæst] 動 放送する ＊broadcasting（放送）
- ❸ **Stay tuned.** チャンネルはそのまま
  ＊アナウンサーやキャスターがCM前に言う決まり文句。Don't go away.もよく使われる。
- **soap opera** メロドラマ；ソープオペラ
  ＊石けん会社が番組の広告クライアントになっていたことから。
- **nature program** 自然ドキュメンタリー番組
- **documentary** [dὰkjuméntəri] 名 ドキュメンタリー
- ⓘ **talk show** トークショー
- **cartoon** [kɑːrtúːn] 名 アニメ；マンガ
- **reality show** リアリティショー
  ＊一般の人の実生活をビデオ撮影した映像で構成した番組。
- **current affairs** 時事問題
- ❹ **break** [bréik] 名 お知らせ；小休止
  ＊番組の中途に挟まれるCMのことを指す。
- **breaking news** ニュース速報
  ＊突発的な事件などの速報のこと。

❖ 政治

- **election** [ilékʃən] 名 選挙

⓭ - **vote** [vóut] 名 投票　動 投票する
  *「有権者」はvoter。集合的にconstituencyともいう。

⓰ - **candidate** [kǽndidèit] 名 候補者

- **party** [páːrti] 名 政党
  *「与党」はruling **party**、「野党」はopposition **party**。

- **cabinet** [kǽbənit] 名 内閣

❺ - **president** [prézədənt] 名 大統領
  *「副大統領」はvice **president**。

> ! 米国はcongress [káŋres]、日本などはdiet [dáiət] という。

❻ - **prime minister** 内閣総理大臣

- **parliament** [páːrləmənt] 名 （英国などの）議会

⓬ - **representative** [rèprizéntətiv] 名 （米）下院議員
  *「上院議員」はsenator。

- **government** [gʌ́vərnmənt] 名 政府
  *問題のある国家を指す場合にはregime [rəʒíːm] をよく使う。

- **majority** [mədʒɔ́ːrəti] 名 過半数　*「少数派」はminority。

- **politician** [pàlətíʃən] 名 政治家

- **policy** [páləsi] 名 政策
  *「財政政策」はfiscal **policy**、「金融政策」はfinancial **policy**。

⓯ - **legislation** [lèdʒisléiʃən] 名 法制化；法律

❼ - **war** [wɔ́ːr] 名 戦争

> !「クーデター」はcoup [kúː]、「革命」はrevolution。「平和」はpeaceという。

246

生活語16

- [ ] **security** [sikjúərəti] 　名 安全保障
  * Japan-U.S. **Security** Treaty（日米安全保障条約）

- [ ] **troops** [trúːps] 　名 軍隊
  * 通例、複数。armed forcesという言い方もある。「武器」はweapon。

❖ 経済

⓫ - [ ] **economic** [èkənámik] 　形 経済の
  * **economic** growthで「経済成長」。名詞形はeconomy（経済）。

- [ ] **stock price** 　名 株価　* stock exchange（証券取引所）。

- [ ] **recession** [riséʃən] 　名 景気後退；リセッション
  * 2四半期連続のGDPのマイナス成長を指す。

- [ ] **merger** [mə́ːrdʒər] 　名 合併　*「買収」はtakeoverという。

- [ ] **export** [ékspɔːrt] 　名 輸出　動 輸出する [ikspɔ́ːrt]

- [ ] **import** [ímpɔːrt] 　名 輸入　動 輸入する [impɔ́ːrt]

❾ - [ ] **domestic** [dəméstik] 　形 国内の
  * **domestic** demand（内需）

- [ ] **consumer** [kənsúːmər] 　名 消費者

- [ ] **supply** [səplái] 　名 供給

❿ - [ ] **demand** [dimǽnd] 　名 需要

- [ ] **central bank** 　中央銀行

- [ ] **developed country** 　先進国
  *「途上国」は現在分詞を使ってdeveloping countryと表現する。

! interest rates（金利）の誘導目標設定やmoney supply（通貨供給量）のコントロールなどを行う通貨当局。「日本銀行」はBank of Japanという。日銀が発表する短期経済見通しの「短観」は最近では英語化してTankanと呼ぶ。

❖ 社会

- [ ] **car accident** 交通事故 　　　!crashは「(車の)衝突」のほか、「(飛行機の)墜落」の意味でも使う。
- [ ] **murder** [mə́ːrdər] 名 殺人；故殺（殺意のある殺人）
  * 殺意なき「過失致死」はmanslaughter [mǽnslɔ́ːtər] として法律上は区別する。

⑱
- [ ] **robbery** [rɑ́bəri] 名 強盗
- [ ] **burglary** [bə́ːrɡləri] 名 窃盗
- [ ] **crime** [kráim] 名 犯罪
- [ ] **court** [kɔ́ːrt] 名 裁判所
- [ ] **trial** [tráiəl] 名 裁判
- [ ] **prison** [prízn] 名 刑務所 　　　!jailともいう。「禁固(刑)」はimprisonment、「死刑」はdeath penaltyまたはcapital punishmentという。
- [ ] **crowd** [kráud] 名 群衆

⑲
- [ ] **police** [pəlíːs] 名 警察
- [ ] **race** [réis] 名 人種；民族
- [ ] **immigrant** [ímigrənt] 名 移民
- [ ] **violence** [váiələns] 名 暴力；暴行
- [ ] **sexual harassment** 性的いやがらせ；セクハラ
  * harassment [həræsmənt] は「いやがらせ；迷惑」の意。

⑭
- [ ] **global warming** 地球温暖化

生活語 16

❖ 宗教

- [ ] **Buddhist** [búːdist] 　　　名 仏教徒　形 仏教（徒）の
  * Buddhism（仏教）

㉑ - [ ] **Christian** [krístʃən] 　　名 キリスト教徒
  * Christianity（キリスト教）　形 キリスト教（徒）の

⑳ - [ ] **Muslim** [mʌ́zlim] 　　　名 イスラム教徒
  * Islam（イスラム教）　　　形 イスラム教（徒）の

- [ ] **Hindu** [hínduː] 　　　　　名 ヒンズー教徒
  * Hinduism（ヒンズー教）　形 ヒンズー教（徒）の

- [ ] **Shinto** [ʃíntou] 　　　　　名 神道

- [ ] **god** [gʌ́d] 　　　　　　　名 神　* goddess（女神）

- [ ] **heaven** [hévən] 　　　　　名 天国　* hell（地獄）

- [ ] **religious** [rilídʒəs] 　　　形 宗教的な
  * 反意語はsecular（世俗的な）

- [ ] **prayer** [prɛ́ər] 　　　　　名 祈り

- [ ] **sect** [sékt] 　　　　　　　名 宗派　* the Zen sect（禅宗）

生活語 17

天気・気候
[*Weather & Climate*]

天気は一日の予定を決めるときにも大切ですし、会話の話題も提供してくれます。**hot**（暑い）、**cold**（寒い）、**rainy**（雨が降っている）、**fine**（晴れた）などはどれもitを主語にして、**It's cold today.**（今日は寒いです）と言えます。「気温」は**temperature**で、「度」は**degree**。18度なら**18 degrees**と表現します。最高気温・最低気温はふつう、**highs**と**lows**で表します。気温は、アメリカは華氏（**Fahrenheit**）ですが、国際的には摂氏（**Celsius**）ですね。おもしろいのは、英語では雷を**lightning**（稲光）と**thunder**（雷鳴）に区分することです。天気予報を理解するには、**peninsula**（半島）や**archipelago**（列島）などの地形を表す言葉も知っておきたいところです。

- snowy
- island
- continent
- cloudy
- peninsula
- rainy
- coast
- sunny

生活語 17

例文

A: Looks like it may ❶rain today.
B: I heard it might even ❷snow later tonight.

A：今日は雨が降りそうですね。
B：今夜遅くには雪になると聞きましたよ。

The ❸weather forecast calls for ❹cloudy skies tomorrow.
天気予報によれば、明日は曇りです。

San Francisco is known for its ❺foggy and ❻windy days.
サンフランシスコは霧深く風の吹く日々で有名だ。

❼Temperatures in the ❽desert can reach into the high 100s.
砂漠の気温は最高で（華氏）100度にもなることがある。

The ❾volcano is located on a thin ❿peninsula.
その火山は細長い半島にある。

ワードリスト

❖ 天気

❸ ☐ **weather forecast**　　天気予報

☐ **sunny** [sʌ́ni]　　形 晴れた　＊clear、fine、shinyなどでも表せる。

❹ ☐ **cloudy** [kláudi]　　形 曇った　＊「時々曇り」はpartly **cloudy**。

❶ ☐ **rain** [réin]　　名 雨　動 雨が降る
　＊形容詞はrainy（雨が降る）。「にわか雨」はshowerという。

- ❷ ☐ **snow** [snóu] 　　　名 雪　動 雪が降る
  * 形容詞はsnowy（雪の降る）

> ！ 降水量の多寡はlightやheavyを使い、light rain（小雨）、heavy snow（大雪）などのように表す。

- ❻ ☐ **windy** [wíndi] 　　　形 風の強い
  * 風速（wind velocity）は、米国ではmph（時速マイル）で表す。

- ☐ **breeze** [bríːz] 　　　名 そよ風；微風

- ☐ **blow** [blóu] 　　　動 （風が）吹く

- ❺ ☐ **foggy** [fɔ́ːgi] 　　　形 霧の出る　＊fog（霧）

- ☐ **hot** [hát] 　　　形 暑い　＊warm（暖かい）

- ☐ **cold** [kóuld] 　　　形 寒い
  * chillyもほぼ同じ意味。「凍えるほど寒い」はfreezing。「涼しい」はcool。

- ☐ **humid** [hjúːmid] 　　　形 湿気の多い
  * humidityは「湿気」のほかに「湿度」の意味でも使う。「じめじめした」はwet、「乾燥した」はdryで表す。

- ❼ ☐ **temperature** [témpərətʃər] 　　　名 気温

> ！ 測定単位の「度」はdegree、「温度計」はthermometerという。天気予報では「最高気温」はhighs、「最低気温」はlowsと呼ぶことが多い。

- ☐ **lightning** [láitniŋ] 　　　名 稲光

- ☐ **thunder** [θʌ́ndər] 　　　名 雷鳴
  * 英語では稲光と雷鳴を分ける。

- ☐ **storm** [stɔ́ːrm] 　　　名 嵐；暴風雨

- ☐ **hurricane** [hə́ːrəkèin] 　　　名 ハリケーン
  * 北大西洋、カリブ海で発生する熱帯性暴風雨。北太平洋のものはtyphoon [taifúːn]（台風）である。

- ☐ **precipitation** [prisìpətéiʃən] 　　　名 降水（量）
  * chance of **precipitation**（降水確率）

生活語 17

- **front** [fránt]　　　名 前線
  * warm **front**（温暖前線）、cold **front**（寒冷前線）

- **flood** [flʌ́d]　　　名 洪水

- **earthquake** [ə́:rθkwèik]　　　名 地震
  * 簡略的によくquakeという。

❖ 気候・地形

- **climate** [kláimit]　　　名 気候
  * **climate** change（気候変動）

- **temperate** [témpərət]　　　形 温帯の

- **tropical** [trápikəl]　　　形 熱帯の

- **equator** [ikwéitər]　　　名 赤道

- **continent** [kántənənt]　　　名 大陸

- ❿ **peninsula** [pənínsjulə]　　　名 半島

- **archipelago** [à:rkəpéləgou]　　　名 列島；群島

- **island** [áilənd]　　　名 島

- ❽ **desert** [dézərt]　　　名 砂漠

- ❾ **volcano** [vɑlkéinou]　　　名 火山

- **coast** [kóust]　　　名 海岸（地域）
  * 狭い意味での「海辺」はseashore。「内陸部」はinland areaという。

- **hemisphere** [hémisfìər]　　　名 半球
  * northern **hemisphere**（北半球）、southern **hemisphere**（南半球）

生活語 18 かたち・数字
[Shape & Numbers]

代 数や幾何──数学の基本語彙がわれわれ日本の学習者からは抜け落ちています。2 + 4 = 6は**2 plus 4 equals 6.**と書きます。それでは、18 ÷ 3 = 6.は？ **18 divided by 3 equals 6.**となります。「分数」→**fraction**、「方程式」→**equation**、「因数分解」→**factoring**です。「三角形」の**triangle**はカタカナにもなっているので、知っている人も多いでしょう。それでは、「正方形」は？ **square**ですね。「長方形」は**rectangle**です。「立方体」は**cube**で、「球」は**sphere**、「扇形」は**sector**といいます。三角形の「合同」は**congruence**、「相似」は**similarity**ですね。

- circle
- equation
- sphere
- rectangle
- triangle
- fraction

生活語 18

例文

The ①**rectangular** shapes work well with the ②**oval**.
その四角い形は楕円と合いますね。

The tower can be shaped like a ③**cone** or a ④**cylinder**.
そのタワーは円錐か円筒のような形になるだろう。

What is the ⑤**area** of ⑥**triangle** ABC?
三角形ABCの面積は？

Twenty-five ⑦**times** three ⑧**equals** seventy-five.
25×3=75

If *n* is ⑨**even**, which of the following cannot be ⑩**odd**?
もしnが偶数のとき、次のうち奇数になりえないのはどれですか。

ワードリスト

❖ 形・幾何

⑥ ☐ **triangle** [trái æŋgl]　　名 三角形

☐ **square** [skwéər]　　名 形 正方形（の）
　＊名詞では「広場」の意も。

① ☐ **rectangular** [rektǽŋgjulər]　　形 長方形の
　＊rectangle（長方形）

☐ **pentagon** [péntəgàn]　　名 五角形

☐ **round** [ráund]　　形 円形の
　＊circle（円）

! 形容詞はtriangular（三角形の）。「頂点」はapex、「底辺」はbase、「垂線」はaltitudeという。また、「合同」はcongruence、「相似」はsimilarityである。

- ❷ ☐ **oval** [óuvəl] 名形 楕円形（の）
- ☐ **radius** [réidiəs] 名 半径
- ☐ **diameter** [daiǽmətər] 名 直径
- ☐ **sector** [séktər] 名 扇形
- ☐ **cube** [kjúːb] 名 立方体　＊cubic（立方体の）
- ☐ **sphere** [sfíər] 名 球　＊spherical（球の）
- ❸ ☐ **cone** [kóun] 名 円錐
- ❹ ☐ **cylinder** [sílindər] 名 円筒
- ☐ **angle** [ǽŋgl] 名 角度
- ☐ **line** [láin] 名 線分
  ＊数学ではline segmentともいう。「長さ」はlengthである。
- ☐ **figure** [fígjər] 名 形；数字
- ❺ ☐ **area** [ɛ́əriə] 名 面積
- ☐ **volume** [válju:m] 名 体積
- ☐ **dot** [dát] 名 点

❖ 数字・四則計算

- ❽ ☐ **equal** [íːkwəl] 動 イコールである
- ☐ **plus** [plʌ́s] 前 プラスして
  ＊1 **plus** 2 equals 3.（1＋2＝3）

生活語 18

- [ ] **minus** [máinəs] 　　前 マイナスして
  * 3 **minus** 2 equals 1.（3－2＝1）

❼ - [ ] **times** [táimz] 　　前 かける；〜倍

- [ ] **divide** [diváid] 　　動 割る；割り算する
  * 8 **divided** by 2 equals 4.（8÷2＝4）

- [ ] **integer** [íntidʒər] 　　名 整数
  * 「素数」はprime、「無理数」はirrational、「複素数」はcomplexという。

> ❗ 四則計算は次のように呼ぶ。addition（足し算；加算）、subtraction（引き算；減算）、multiplication（かけ算；乗算）、division（割り算；除算）

❾ - [ ] **even** [íːvən] 　　形 偶数の

❿ - [ ] **odd** [ád] 　　形 奇数の

- [ ] **fraction** [frǽkʃən] 　　名 分数

- [ ] **digit** [dídʒit] 　　名 けた
  * hundred（百）、thousand（千）、million（百万）、billion（10億）、trillion（1兆）

> ❗ 分数はよく使うので基本的な作り方を覚えておこう。one half（2分の1）、one third（3分の1）、one quarter / one fourth（4分の1）、two thirds（3分の2）。

- [ ] **positive** [pázətiv] 　　形 正の
  * **positive** integer（正の整数）。「負の」はnegative。

- [ ] **decimal** [désəməl] 　　名 形 小数（の）
  * **decimal** point（小数点）

- [ ] **round** [ráund] 　　動 四捨五入する

- [ ] **equation** [ikwéiʒən] 　　名 方程式
  * quadratic **equation**（二次方程式）

- [ ] **factoring** [fǽktəriŋ] 　　名 因数分解

- [ ] **probability** [pràbəbíləti] 　　名 確率

ひと目でわかる
助動詞10

カンタンな例文にのせて、10の助動詞を一気にマスターしましょう。

1　□ can [kǽn]

canは、大きく分けると、①能力（～できる・できない）、②許可（～してもよい・してはいけない）、③可能性（あり得る・あり得ない）の3つを表現できます。canを使うことによって、その文にこれらの意味合いを持たせることができるのです。

- □ Martin **can** dance very well.
  （マーティンは、とても上手に踊れる）
- □ **Can** I have a word with you?
  （ちょっと話があるのですが、いいですか）
  ＊相手に今都合がいいかどうかを聞くのに便利な表現です。
- □ It **can** happen. （あり得るなあ）
  ＊逆に「そんなばかな！」「そんなことあり得ない」は It **can't** be true!

2　□ could [kúd]

couldはcanの過去形です。よく使われる、①能力（～できた・できなかった）、②推量（～できる・できないかもしれない）、③丁寧な依頼（～していただけますか）の3つを覚え、使いこなせるようにしましょう。

- □ Nobody **could** tell his tie was cheap.
  （彼のネクタイが安物だとは、だれも言えなかった）
- □ I think I **could** live with it.
  （何とかやっていけると思います）
- □ **Could** you tell him to call me back?
  （彼に電話をしていただけるようお伝えください）

3 ☐ will [wíl]

willの役割は大きく分けて、①意志（〜するぞ）、②未来（〜だろう）の2つです。未来のことを表す場合は、I'll read the book tomorrow.（明日、その本を読もう）とwillの短縮形を使ってもいいですが、自分の強い意志を表現したい場合は、willのまましっかり言いましょう。

☐ I will study at Harvard next year.
（来年はハーバードで研究するぞ）

☐ The conference will be held in New York.
（その会議は、ニューヨークで行われる）

4 ☐ would [wúd]

wouldは、まず①willの過去形として、I said I would 〜.（〜すると言いました）のように使われます。他には、②依頼（〜していただけますか）、③申し出（〜したいですか・〜はどうですか）を、覚えましょう。

☐ I thought I would go to the party, but I changed my mind.（そのパーティーに行こうと思ったのですが、やめました）

☐ Would you turn on the air conditioner?
（エアコンをつけていただけますか）

☐ What would you like to eat?
（何を食べたいですか）

ひと目でわかる
助動詞10

5 □ may [méi]

mayは、①許可（〜してもよい・してはいけない）、②推量（〜かもしれない）、③許可を求める丁寧な言い方（〜してもよろしいでしょうか）を表現できます。まずはこの3つの使い方を覚えましょう。

□ You **may** go now, but don't come home late.
（行っていいですよ。でも遅くならないように）
＊このmayは偉そうに聞こえますので、使う際には注意が必要です。

□ My bad tooth **may** be the cause of my headache.
（頭痛は虫歯のせいかもしれない）

□ **May** I come with you to Watford?
（ウォトフォードへ一緒に行ってもいいでしょうか）

6 □ might [máit]

mightはmayの過去形です。①推量（〜かもしれない）、②丁寧な提案・依頼（〜してはどうですか・〜していただけませんか）をまず覚えましょう。②は相手を怒らせずに、こちらの言いたいことを伝えるのに最適の表現です。

□ Tommy **might** not be able to come with us.
（トミーは私たちと一緒には行けないかもしれません）

□ You **might** want to send a note to Mr. Parker.
（パーカーさんに一筆されてはいかがですか）

7 ☐ shall [ʃæl]

①Shall we ～?の形の提案（～しませんか・～しましょう）、②Shall I ～?の形の提案（～しましょうか）の2つを覚え、使いこなせるようにしましょう。これ以外の用法（～しなければならない）は、フォーマルな法律文などでよく使われます。

☐ **Shall** we meet around five o'clock?
（5時ごろ会いましょうか）
＊Let's meet around ～.と言っても、ほぼ同じ意味になります。

☐ **Shall** I bring the books for you?
（本を持っていきましょうか）

8 ☐ should [ʃúd]

shouldは、①アドバイス（～したほうがいいですよ＜相手への思いやりの気持ちがこもる＞）、②義務（～すべきだ）という2つの大きな役割があります。まずはこれらの用法を覚えて、使いこなしましょう。

☐ You **should** stop drinking so much.
（お酒をそんなに飲まない方がいいですよ）

☐ I know I **shouldn't** see her anymore but ...
（彼女にはこれ以上会うべきじゃないのはわかっているのですが…）

ひと目でわかる
助動詞10

⑨ □ must [mÁst]　have to [hǽv tu]

mustとhave to は、①義務・命令（〜しなくてはならない）という場合に使います。mustは自分が思っている場合、have toはルールなどで決まっている場合と使い分けることもあります。注意すべきは、②must notは「〜してはいけない」という強い禁止、③not have toは「〜する必要はない」という許容を表現する点です。

- □ I **must** finish this work tonight.
  （今夜この仕事を終えてしまわなくては）
- □ You **must** not lift anything heavy.
  （重いものを持ってはいけません）
- □ You don't **have to** lift anything heavy.
  （重いものは持たなくてもいいですよ）

⑩ □ do [dúː]

doの助動詞としての役割は、①疑問文を作る（〜ですか・〜しますか）、②否定文を作る（〜しない）、③強調（本当に・まったく）です。

- □ **Do** you have anything special you want to do here?（特にここでしたいことがありますか）
  ＊主語がheやsheなどになれば、Does he ...?と変わる点も注意しましょう。
- □ I **didn't** say such a thing to him.
  （彼にそんなことは言いませんでした）　＊doの過去形は、didです。
- □ Oh, yes, you **do** say funny things from time to time.（そうですね、確かに君は時々おもしろいことを言いますよ）
  ＊doを入れることで強調になります。

イメージでつかむ
前置詞12

前置詞はビジュアルイメージで覚えると、応用が利くようになります。

1 □ on 〜にくっついて

くっつく方向は上でも下でも横でもOK。時間表現では日にonを使います。「〜くっついて」の延長として、「〜に基づいて；依存して」、「〜と同時に」という意味でも使われます。

- □ There is a small spider **on** the wall.
  （小さなクモが壁の上にいる）
- □ Our wedding is **on** June 7th.
  （私たちの結婚式は6月7日です）

2 □ by 〜の近くに；〜によって

byの主要な意味は「〜の近くに」と、「手段」を表す「〜によって」です。時間表現としてはby this weekend（今週末までに）のように「期限」を表します。

- □ I live in an apartment **by** the river.
  （私は川そばのマンションに住んでいます）
- □ Meg goes to work **by** car.
  （メグは車で通勤しています）

イメージでつかむ 前置詞12

❸ □ in 〜の中にあって

「〜の中に」というコアイメージの延長で、「〜を身につけて」（服装）、「〜して」（状態）、「〜のうちに」（時間の経過）などの意味で使われます。「月」「午前・午後」もinで導きます。

- □ My car is **in** the parking lot over there.
  （私の車は向こうの駐車場にあります）
- □ I will submit the report **in** a week or so.
  （その報告書は1週間くらいで提出します）

❹ □ at 〜の地点に

inが「一定の広さの中に」というイメージであるのに対して、atは「地点に」を表します。時間表現としては「時刻」を導きます。

- □ Our plane will arrive **at** Narita Airport soon.
  （当機はまもなく成田空港に到着します）
- □ I'll be at your office **at** three.
  （御社の事務所に3時におうかがいします）

5 □ to 〜へ

「方向」や「到達点」を表す「〜へ」が基本的な意味です。fromと一緒に使って、「…から〜まで」という「期間」「範囲」も表せます。

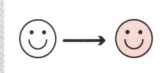

- □ I went **to** Paris on business three times last year.
  （去年は仕事で3回パリに出かけた）
- □ I lived in England from 2004 **to** 2006.
  （私は2004年から2006年までイングランドで生活した）

6 □ from 〜から

「〜から」という空間的・時間的な「起点」を表すのが基本ですが、「由来」「分離」などの用法もあります。

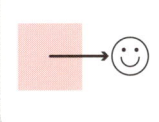

- □ I will pick up my suitcase **from** the baggage claim.
  （手荷物受取所からスーツケースを取ってきます）
- □ My fiancée is **from** Beijing, China.
  （私のフィアンセは中国の北京出身です）

イメージでつかむ 前置詞12

7 □ under　〜から離れて下に

「〜から下方に離れて」が基本の意味です。ここから「〜より下回って」「〜より劣って」などの意味も表します。反対の意味を表すのはaboveです。

□ My cat likes sleeping **under** the car.
（私のネコは車の下で寝るのが好きだ）

□ Our **under** sixteen national football team will meet Italy in the semifinal.
（サッカーの16歳以下代表チームは準決勝でイタリアと対戦する）

8 □ across　〜の反対側に；〜を横切って

「〜の反対側に」「〜の向こう側に」「〜を横切って」が基本的な意味です。空間的な表現としてよく使います。across the country（国中に）のように「〜の至る所に」の意味でも常用されます。

□ My girlfriend lives **across** the river.
（ガールフレンドは川向こうに住んでいる）

□ Our branches are located **across** the country.
（私たちの支社は国中にある）

⑨ ☐ **over** 〜の上に；〜をおおって

「〜の上に」は空間的な用法のほか、「〜を上回って」という「超過」も表せます。「〜をおおって」の意味範囲では、「〜の間ずっと」という「時間」、「〜に関して」という「関連」、「〜しながら」という「従事」の用法があります。

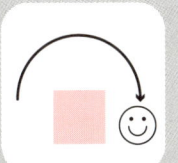

☐ A little girl jumped **over** the puddle.
(女の子が水たまりを飛び越えた)

☐ Let's chat **over** coffee.
(コーヒーでも飲みながらおしゃべりしましょう)

⑩ ☐ **through** 〜を突っ切って

「〜を通り抜けて」「〜の端から端まで」が基本的な意味です。空間・時間のどちらにも使えます。「〜を終えて」という用法もあります。

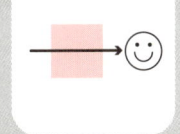

☐ The sand ran **through** her fingers.
(砂は彼女の指の間をこぼれ落ちた)

☐ We are halfway **through** our new project.
(私たちは新プロジェクトの半分しか終えていない)

イメージでつかむ
前置詞12

⑪ ☐ with ～を伴って；～と一緒に

「～と共に」という「同伴」、「～と一緒に」という「所有」が基本的な意味です。ここから「～に賛成して」、「～を用いて」などさまざまな用法が生まれます。

- ☐ I'd like this lobster spaghetti **with** tomato cream sauce.
  （このトマトクリームソースのロブスタースパゲティをお願いします）
- ☐ I agree **with** you.
  （あなたに賛成です）

⑫ ☐ around ～のまわりに

「～の周囲に」「～をぐるりと回って」というのが基本的な意味です。ここから時間的・空間的に「おおよそ～くらい；約～」という意味でよく使われます。

- ☐ I walked **around** the city center in the morning.
  （午前中は都心を歩き回った）
- ☐ I'll travel abroad **around** the middle of June.
  （6月の半ばくらいに海外旅行に出かけます）

しくみでマスター
接続詞 12

● 等位接続詞 ＜2つのものを対等に結びつける＞

1 □ and

● 2つのものを付加的につなぐ：「～と～」
　＊ 3つ以上のものを接続する場合は、コンマでつないでいき、最後の連結のみにandを使う。orも同様。

□ David **and** I will start an online shopping site next month. （デイビッドと私は来月からショッピングサイトを始めます）

□ I bought a digital camera, a printer, **and** an optical mouse. （デジカメとプリンターと光学マウスを買った）

● 前から後ろへ導く：「～そして～」

□ He came in **and** took his hat off.
　（彼は入ってくると、帽子を脱いだ）

2 □ or

● 2つのものを選択的につなぐ：「～または～」

□ Which do you like better, coffee **or** tea?
　（コーヒーと紅茶ではどちらが好きですか）

● 前文を否定して後ろに導く：「～さもなくば～」

□ Wake up early, **or** you'll be late for the train.
　（早く起きないと、電車に遅れるよ）

しくみでマスター
接続詞12

3 □ so

●前から後ろへ導く：『〜だから〜』

□ My eyesight weakened, **so** I bought a new pair of glasses.
（視力が落ちたので、新しい眼鏡を購入した）

4 □ but

●逆接的につなぐ：『〜しかし〜』
　＊not ... but 〜（…ではなく〜）、not only ... but (also) 〜（…ばかりでなく〜もまた）は日常会話でもとてもよく使う。

□ I invested all my savings, **but** only half returned.
（貯金全部を投資したけれど、半分しか戻って来なかった）

□ He is **not only** a president **but also** a poet.
（彼は社長であるだけでなく詩人でもある）

- 従属接続詞 ＜2つのものを主従の関係で結びつける＞

5 □ when

●時を導く：『〜のとき』

□ I loved math and science **when** I was in junior high.
（中学時代は数学と科学が大好きだった）

6 □ if

●仮定を導く：『もし〜なら』

□ **If** I were you, I would quit the company.
（もし私があなたなら、その会社を辞めるでしょう）

7 □ although

●反対・留保の節を導く：『〜だけれども』

□ **Although** small, this USB drive can store two gigabytes.
（小さいけれど、このUSBメモリーは2ギガバイトを保存できる）

しくみでマスター
接続詞12

8 □ while

● 同時に進行することがらを導く:「～している間に」

□ You can go shopping **while** I am reading the paper here.
(ここで僕が新聞を読んでいる間に、お買い物をしてくれば)

● 2つの事柄を比較・対照する:「～だけれども;～する一方」

□ **While** Dad is eager to save money, Mom loves shopping.
(パパは貯金に熱心だけど、ママはショッピングに夢中だ)

9 □ that

● 内容を導く:「～であると」

※会話では接続詞のthatはよく省略される。なお、so ... that ～（とても…なので～）というイディオムはよく使う。

□ I think (**that**) you are right.
(あなたが正しいと思います)

□ You've worked **so** hard **that** you will surely be promoted.
(君はとても一生懸命働いてきたのだから、きっと昇進するでしょう)

10 ☐ whether

● 選択できる2つのことを導く:「〜かどうか」
　＊ifも使える。

☐ I don't know **whether** she can come or not.
（彼女が来られるかどうかわかりません）

11 ☐ as

● 時を導く:「〜しているとき」「〜しながら」

☐ The doorbell rang **as** we were having dinner.
（夕食をとっているとき、呼び鈴が鳴った）

● 理由を導く:「〜なので」

☐ I decided to stay at home **as** it was rainy.
（雨だったので、家にいることにした）

12 ☐ because

● 理由を導く:「〜なので」

☐ I couldn't attend the party **because** my flight was delayed.
（フライトが遅れたので、パーティーに出席できなかった）

INDEX

A

abdomen	228
accelerator	192
accept	55, 204
accommodations	216
account	199
accountant	223
accounting	222
ache	231
across	266
across the street	210
activate	196
add	75
add A to B	182
address	176
admire	64
admit	55
advantage	142
advertising	222
agree	54
air conditioner	159
air mail	176
aisle / window seat	215
alarm clock	159
allow	60
almost	133
alone	137
already	129
alteration	171
alternative energy	234
although	271
altitude	215
alumni	175
always	131
ambulance	231
amusement park	217
and	269
angle	256
angry	88
ankle	229
anniversary	175
answer	38
apartment	157
aperitif	186
apologize	39
appear	26, 70
appetizer	186
applicant	220
appointment	224
appreciate	59
apprentice	220
approach	26
approve	60
aquarium	217
archipelago	253
architect	223
architecture	238
area	256
arm	228
around	268
arrive	26, 66
article	244
as	273
ashamed	92
ask	38
asparagus	180
aspirin	230
assignment	224, 241
at	264
attach	199
authorize	198
automobile	191
available	107

B

back	228
baggage claim	214
bake	182
balcony	156
banking	222
bankruptcy	224
baseball	240
basement	157
basketball	240
bathroom	157
be back	177
be on another line	177
be out	177
because	273
beef	181
beer	188
begin	69
behave	86
beige	170
believe	50

bend 73	briefcase 169	cap 169
benefits 221	bring 24	car accident 248
best-selling 239	broadcast 245	care 62
beverage 188	broadcasting 222	carpenter 223
big 103	broccoli 180	carrot 180
bill 202	broil 183	carry 67
bin 235	broiled fish 187	carry out 18
biography 239	browse 197	cart 198
blame 61	brush one's teeth 162	cartoon 245
blanket 215	Buddhist 249	cash 202
bleed 231	build 80	cashier 205
blender 183	bull 204	castle 217
block 208	burglary 248	catch 70
blog 198	burgundy 170	cathedral 217
blood vessel 229	burn 196	cause 86
blouse 168	burnable 235	cavity 231
blow 252	bus stop 208	ceiling 157
boarding pass 214	business card 225	celery 180
boil 182	busy 110, 177	cemetery 217
bond 203	but 270	central bank 247
bone 229	butterfly 235	CEO (chief executive officer) 221
bookmark 198	by 263	chance 141
bookshelf 158	by train 163	change 81, 202
borrow 68	*C*	change clothes 163
boss 220	cabbage 180	charge 203
both 135	cabinet 158, 246	chat 164
bowl 183	calculator 225	cheap 102
brain 229	calf 229	check 189, 202
brake 192	call 177	check e-mail 164
branch 220	calligraphy 238	check in 216
brave 93	camping 240	checkered 170
break 74, 245	can 258	check-in counter 214
breaking news 245	candidate 246	checking account 202
breathe 44	can't miss 210	checkout counter 205
breeze 252		

275

checkup 230	come up with 27	corporation 220
cheek 228	comfortable 106	cosmetics 162
chest 158	commute 163	cost 76, 202
chicken 181	compact 192	couch / sofa 158
chop 182	company 220	cough 231
chopsticks 183	compare 77	could 258
Christian 249	competition 224	count 75
church 217	complain 39	countryside 211
city hall 209	completely 136	coupon 205
civil service 223	composer 238	courier 176
clam 181	computer graphics 238	court 248
class 241	concierge 216	cover 71
classical 238	condominium 158	co-worker 220
classified ad 244	conduct 18	crab 181
clean 165	conductor 239	create 22
clear 114	cone 256	credit card 204
clever 97	confident 93	crew 215
climate 253	confirmation slip 216	crime 248
clinic 230	confused 91	crimson 170
clock 158	Congratulations! 175	criticize 61
cloudy 251	conserve 233	crosswalk 208
coast 253	consider 49	crowd 150, 248
coat 168	consumer 247	cube 256
cocktail 188	contain 82	cucumber 180
cod 181	continent 253	cuff links 169
coffee table 158	contract 224	cup 183
coin 202	control 82	cupboard 158
cold 231, 252	convenience store 209	currency 202
collar 171	convenient 106	current affairs 245
college 241	convertible 192	curtain / drapes 158
comb one's hair 163	cook 164	customer service 222
combo 189	copy 196	customs 214
come 26	coral 170	cut 182, 196
come a long way 27	corn 180	cylinder 256
come off 27	corner 208	

D

daily 244
dairy products 181
damage 86
dangerous 108
dark 105, 171
deadline 224
deal 82
decide 55
decimal 257
declare 214
decorate 74
deep 124
default 197
defend 85
degree 241
delay 214
delete 196
deli 209
demand 247
dentist 230
deodorant 163
depart 214
department store 209
depend 83
deposit 202
describe 56
desert 253
deserve 84
dessert 186
destination 214
detail 146
detergent 165
developed country 247

diameter 256
diarrhea 231
die 45
different 108
difficult 113
digit 257
dim sum 187
dining room 157
dinosaur 235
dip 182
directions 210
director 220
dirty 103
disabled 98
disagree 54
discount 205
divide 257
dividend 204
dizzy 231
do 18, 262
do the laundry 165
do up 19
do without 19
doctor 230
documentary 245
domestic 247
doorbell 156
dos and don'ts 19
dot 256
doubt 50
download 197
downstairs / upstairs .. 157
draw 70
drawer 158
dress 168

dress code 189
dresser 158
driver's seat 193
driveway 156
dry 104, 188
dumpling 187
duplicate 196
dust 165
duty-free shop 214

E

ear 228
early 129
earn 77
earrings 169
earthquake 253
easy 113
eat out 189
economic 247
ecosystem 234
editor 244
editorial 244
education 144
effect 141
eggplant 180
either 134
elbow 228
election 246
electric appliances 159
electrician 223
elementary school 241
embarrassed 91
embed 196
emission 234
emphasize 56

277

employee 221	extend 216	first 128
endangered species 234	extension 177	fit 171
engagement 175	eye 228	fitting room 171
engineer 223		flat tire 193
enjoy 44	*F*	flight 214
enough 135	face 228	flood 253
enter 67	factoring 257	floor 209
entrée 186	fail 78	floor lamp 158
envelope 176	fair 110	florist's 209
environmental 233	fall in love with 175	flowered 170
equal 256	family room 157	flu 231
equation 257	famous 115	foggy 252
equator 253	fancy / plain 171	fold 71
equipment 146	far 123	follow 63
eraser 225	farm 211	font 197
escape 72	fast 128	for here 189
especially 135	fasten 71, 215	forbid 84
even 257	fat 98	forget 51
ever 133	favorite 115	forgive 62
exact 121	feature 244	form 216
examination 241	feed a pet 164	fortunately 136
example 140	feel 42	forward 199
exchange 202	fertilizer 234	fossil fuels 234
excited 90	fetch 24	fountain 208
exercise 164, 240	fever 231	fraction 257
exhibit 238	few 117	free 107
expect 51	fiction 239	French fries 189
expense 224	field 211	fried rice 187
expensive 102, 205	figure 256	frightened 94
experience 148	fill it up 193	from 265
expiration date 204	fill out 216	front 253
explain 38	finance 222	front door 156
export 247	find 41	frozen foods 182
express 176	finger 228	fruity 188
expressway 193	finish 81	fry 182

frying pan 183
fuel gauge 192
full 106
funeral 175
funny 98
furniture 158
future 146
futures 203

G

gain 16
garage 156
garbage 235
garbage bag 165
garden 156
gas station 193
gate 214
gene 234
general affairs 222
generous 99
get 16
get ahead 17
get along 17
get over 17
get up 162
gin and tonic 188
give 14
give in to 15
give off 15
give up 15
glass 183
glasses 169
global warming 248
glove compartment 193
gloves 169

glue stick 225
go 28
go against 29
go out with 175
go shopping 164
go straight 210
go through 29
go to bed 162
go to school 163
go to work 163
go well with 171
go with 29
god 249
golf 240
government 246
grade 241
graduate 241
grate 182
grill 183
grocery store 209
grow 44
guess 49
guilty 101

H

hallway 157
hand 228
hang out 165
happy 88
hard 105
hard drive 197
hardcover 239
have 20
have ~ in mind 21
have nothing against 21

have something to do
  with 21
have to 262
head 228
headline 244
headquarters 220
headset 215
healthy 100
hear 42
heart 229
heaven 249
heavy 104
hedge 156
heel 229
hello 176
help 63
hemisphere 253
hide 72
high 124
high school 241
highland 217
hiking 240
hill 211
Hindu 249
hire 221
hold 20
hold on 177
homework 241
honest 96
hood 192
hope 51
horn 192
horoscope 244
hospital 230
hot 188, 252

279

housekeeping 164
How about 〜? 174
How are you? 174
humid 252
hungry 95
hurricane 252
hurt 45, 231

I

ice age 235
icon 197
if 271
immediately 126
immigrant 248
immigration 214
import 247
important 106
impossible 121
improve 83
in 264
in front of 210
include 81
increase 75
independent 100
indigo 170
inexpensive 205
information 144
initialize 196
injury 231
insect 235
install 196
instead 136
instruction 148
instrument 238
instrument panel 192

integer 257
intelligent 97
intend 56
interest rate 203
interested 91
intestines 229
introduce 174
invent 80
investment 203
invite 62
IPO (initial public offering)
 204
iron 165
island 253
ISP (Internet service
 provider) 198
issue 244
itchy 231
I'm sorry (to 〜) 174

J

jacket 168
jammed 193
jazz 238
jealous 93
jet lag 215
jewelry 169
jogging 240
join 58, 174
journalist 244
judo 240
junior high 241
just 129

K

keep 30
keep in touch 31
keep one's word 31
keep up with 31
kettle 183
kidney 229
kill 46
kind 96
kindergarten 241
kitchen utensils 183
knee 229
knowledge 144

L

lake 211
lamb 181
landmark 210
landscape 211
language 149
late 128
laugh 46
lawn 156
lawyer 223
lay 32
lay off 221
lazy 96
learn 80
least 119
leave 28
leave a message 177
leg 229
legislation 246
length 171

less..................................119
let me ~ 174
lettuce............................180
library.............................209
license plate 193
lift.....................................74
light.................................171
lightning.........................252
limit..................................84
line..................................256
link..................................198
lipstick............................163
liquid...............................151
listen................................42
listen to music 164
littering...........................235
little................................117
live...................................44
liver................................229
lobby..............................156
lobster............................181
local food 186
local tour 217
long................................124
Long time no see..........174
look..................................41
look for 204
lose..................................79
loss.................................224
lost.................................210
loud................................105
luggage / baggage 214
lungs..............................229
lyrics..............................238

M

machine..........................143
magazine.......................244
mailbox..........................156
maintain 30
major..............................241
majority..........................246
make 22
make an appointment..175
make breakfast.............164
make out 23
make sure.......................23
make up one's face.......163
make up one's mind.......23
mammal.........................235
manager........................220
manner..........................139
manufacture 22
manufacturer................222
mark 85
mark down....................205
market............................217
marketing......................222
marriage........................175
marry...............................43
martial arts....................240
match.............................171
may................................260
maybe...........................137
mean...............................38
measure.........................140
meat...............................181
mechanic.......................223
medium.........................187

meet................................58
meeting.........................224
merger...........................247
message pad................225
messy.............................165
microwave....................183
microwave oven...........159
middle............................125
might..............................260
mind................................52
minus.............................257
mix A and B..................182
mobile phone 177
money order 176
more...............................118
mortgage.......................157
most...............................118
mouth............................228
move................................28
movie theater................209
mug................................183
murder...........................248
muscle...........................229
museum........................209
mushroom.....................180
Muslim...........................249
must...............................262
mutual funds.................203
mystery..........................239

N

narrow............................122
nature.............................211
nature program.............245
nauseous.......................231

navy 170
near 123
necessary 108
neck 228
negative 230
negotiation 224
neither 134
nervous 99
never 132
new recruit 220
newspaper 244
newsstand 208
next to 210
Nice to meet you 174
nonfiction 239
normal 114
nose 228
note 202
nothing 142
notice 149
novel 239
now 128
nuclear power 234
nurse 230

O

obey 65
obtain 16
odd 257
offer 63
office worker 223
often 132
on 263
on the rocks 188
one-way 193

onion 180
online 198
only 116
open 125
opinion 149
opposite 125
or 269
order 138, 186
ordinary 114
organizer 225
outlet 159
oval 256
over 267
over there 210
overcoat 168
overture 239
own 20
oyster 181

P

pager 177
paid holidays 221
painkiller 231
painting 238
paisley 170
pajamas 168
palace 217
pale 171
pantyhose 168
paper clip 225
paperback 239
paperwork 224
parcel 176
park 208
parking lot 193

parliament 246
part 139
particular 111
part-time job 221
party 189, 246
pass 67, 163, 241
passbook 202
passenger 215
passport 214
paste 196
path 211
patient 230
pattern 141, 170
pay 76, 204
pay bills 164
peas 180
pedestrian 208
peel 182
pen 225
peninsula 253
pension 221
pentagon 255
per night 216
perfect 111
perform 18, 238
perfume 163
peripheral 197
permit 60
personnel 222
persuade 57
pharmacy 230
phone booth 208
phone number 177
photographer 244
piece 142

pillow...............................215	post office........................209	proud..................................92
PIN (personal identification number) 203	postcard............................176	prove..................................85
	Post-it...............................225	provide........................14, 82
	potato................................180	public relations (PR).....222
place............................32, 150	poultry...............................181	publishing.......................222
plaid..................................170	pour...................................182	pumps..............................169
planet...............................235	power................................147	pure..................................114
plant.................................159	practice.............................148	purple...............................170
plate..................................183	praise..................................65	put......................................32
play...................................239	prawn................................181	put ~ behind you...........33
play a video game..........164	prayer................................249	put aside............................33
pleated.............................170	precipitation.....................252	put on / take off.............163
plug-in..............................197	prepare................................81	put up with.......................33
plumber............................223	prescription......................230	
plus...................................256	present................................14	## Q
Podcast.............................199	presentation....................224	quarter..............................224
poetry...............................239	preserve..............................30	quickly..............................127
police................................248	president..................221, 246	quiet..................................105
police station...................209	press...................................72	
policy................................246	pretend................................65	## R
polish................................165	price tag............................205	R & D (research and development)................222
polite................................112	prime minister.................246	
politician..........................246	prime rib............................187	race............................145, 248
polka dot..........................170	prison................................248	radish................................180
pollution...........................233	probability........................257	radius................................256
poor..................................100	probably............................137	rain....................................251
popular.............................115	problem............................150	rare...................................187
pork..................................181	proceed...............................28	raw....................................188
portal................................198	produce...............................22	raw oysters.......................187
porter................................216	production........................222	reach...................................66
portfolio............................203	professor...........................223	read a book......................164
position......................32, 147	profit.................................224	ready.................................121
positive.............................257	project...............................224	real....................................111
possess........................20, 30	promise......................39, 175	real estate.........................157
post / mail........................176	promote............................221	reality show.....................245

realize 52	resign 221	save 77, 196, 233
rear-view mirror 192	resource 235	savings account 202
reason 139	rest 140	say 36
receipt 205	result 146	say hello to ~ 174
receive 16	retire 221	scan 197
reception 175	retrieve 196	scarf 169
reception desk 216	return 67	science fiction 239
recession 247	reunion 175	scissors 225
recommend 186	revenue 224	Scotch tape 225
rectangular 255	right 109	scramble 183
recyclable 235	ring 169	scroll down 197
refill 189	rinse out one's mouth .. 162	sculpture 238
refreshments 215	roast 183	seafood 181
refrigerator 159	roast beef 186	seafood dish 187
refund 205	robbery 248	search engine 198
refuse 57	roof 156	seashore 211
registered 176	round 255, 257	seasonal fish 187
regret 52	rug 158	seat belt 193
regular 112	rule 149	secret 112
relax 164	ruler 225	secretary 223
religion 145	runny nose 231	sect 249
religious 249	rural 211	sector 256
remit 203		security 247
remote 159	*S*	sedan 191
remove 24	sad 89	see 40
renovate 158	sale 205	seem 53
rent 158	sales 222, 224	seldom 132
repair 83	sales representative 223	send 62
replace 205	salmon 181	separate 73, 235
replica 238	salty 188	serious 120
reply 199	same 116	sewage 235
represent 84	satisfied 94	sex 145
representative 246	saucepan 183	sexual harassment 248
reptile 235	saucer 183	shake 72
reservation 189, 216	sauté 182	shall 261

shareholder / stockholder 204	sleep 46, 162	stand 47
sharp 120	sleeve 171	stapler 225
shave 162	slice 182	start 69
Shinto 249	smart 97	start up 196
shipping and handling charges 205	smell 42	stationery 225
	smorgasbord 216	statue 217
shirt 168	sneeze 231	stay 216
shopping mall 209	snow 252	Stay tuned. 245
short 124	so 133, 270	steak 186
shorts 168	soap 162	steam 182
shot 230	soap opera 245	steering wheel 192
should 261	soccer 240	stew 186
shoulder 228	soft drink 188	still 130
show 64	sometimes 132	stir 182
shrine 217	soon 127	stock 203
shut 73	sophisticated 101	stock price 247
shut down 196	sorry 89	stomach 229
shy 99	space 151	storm 252
sidewalk 208	spam 199	story 209
sightseeing spot 217	speak 37	straight 121
sign 193, 208	speak to ~ 177	strange 113
sign in 198	special 110	street light 208
signature 204	spectator 240	strict 119
similar 108	speeding 193	striped 170
simple 113	spell 177	strong 116
sink 157	spend 77	study 157
sirloin 187	sphere 256	stupid 93
sit 47	spicy 188	subject 199
site 197	spinach 180	subsidiary 220
situation 147	split the bill 189	suburb 211
skid 193	spoil 86	subway 208
skiing 240	spring roll 187	succeed 78
skyline 209	square 255	suddenly 127
skyscraper 209	squid 182	suffer 45
	stamp 176	suggest 57

suitable 112	temperate 253	toxic 234
sunny 251	temperature 252	trackback 198
supply 14, 247	temple 217	trading 223
support 64	tenderloin 187	tradition 145
suppose 49	tennis 240	traffic light 208
sure 120	terrific 115	transfer 177, 203, 215
surf 197	text messaging 199	transmission 192
surgery 230	thank 59	trash 235
surprised 90	that 272	travel agency 222
suspect 50	thermometer 230	traveler's check 204
SUV (sport-utility vehicle)	thick 104	trial 248
.... 192	thigh 229	triangle 255
sweater 168	think 48	troops 247
sweatshirt 168	This is ~ 177	tropical 253
sweep 165	thread 198	tropical rain forest 234
sweet 188	through 267	trousers 168
swimming 240	throw 70	true 110
sympathy 176	thunder 252	trust 64
symphony 239	tidy 103, 165	try on 171
	tie 73, 169	tuna 181
T	tight 104	tune 238
tail light 192	tight / loose 171	turbulence 215
take 24, 204	time deposit 202	turn 210
take ~ for granted 25	times 257	turn signal 192
take a shower 162	timetable 163	turquoise 171
take advantage of 25	tired 94, 164	typical 111
take care of 25	to 265	
take out 189	to go 189	*U*
takeoff 215	today's special 186	umbrella 169
talk 37	toe 229	under 266
talk show 245	toll booth 193	undergraduate 241
tax-free 205	tomato 180	underpants 168
taxi stand 208	too 133	underwear 168
television 159	tow truck 193	union 221
tell 37	towel 162	upgrade 196

upright position 215
use 68
useful 107
usually 131
utilities 223

V

vacant / occupied 215
vacuum 165
vacuum cleaner 159
valid 204
valley 211
valuables 216
van 191
veal 181
vegetable 180
vegetarian 186
vehicle 191
vending machine 208
village 211
violence 248
violet 170
virtual 197
visa 214
visit 66
volcano 253
volleyball 240
volume 256
vote 246

W

wage 221
wait 58
wake up 162
wake-up call 216

walk a dog 165
wall 157
war 246
warn 65
warranty 205
wash one's face 162
washing machine 159
waste 234
waste basket 159
watch 41, 169
watch TV 164
waterfall 217
way 139
wear 163
weather forecast 251
welcome party 175
well-done 187
whale 234
when 271
whether 273
while 272
whiskey 188
whiteout 225
wide 122
wildlife 234
will 259
win 79
wind power 234
window 156
windshield 192
windy 252
wipe 165
wipers 192
with 268
withdraw 203

wonder 53
woods / forest 211
worried 92
would 259
wrap 205
wrong 109

X

X-ray 230

Y

yet 129

Z

zip code 176
zip up 163

287